AF610103

LES OUVRIERS LYONNAIS

EN

1834.

IMPRIMERIE DE J.-A. BOUDON,
131, RUE MONTMARTRE.

LES OUVRIERS LYONNAIS

EN

1834,

ESQUISSES HISTORIQUES,

Par Adolphe Sala,

ANCIEN OFFICIER DE LA GARDE ROYALE.

L'ordre règne dans Lyon.

—

La destruction qui a brisé leurs maisons n'est point l'ouvrage des rebelles. (Rapport de M. Amilhau, dans la loi sur les affaires de Lyon).

PARIS.

CHEZ HIVERT, LIBRAIRE-ÉDITEUR,

55, QUAI DES AUGUSTINS.

—

1834.

Avant-Propos.

Nous venons à peine de voir s'accomplir une des scènes les plus sanglantes du drame politique de 1830. Rétabli à coups de canon, l'ordre règne dans Lyon. Encore sous l'impression de si cruels événemens, quand les faits sont si difficiles à éclaircir, plus difficiles peut-être à raconter, la France entière, étonnée et curieuse, demande déjà un récit complet de tant de déplorables victoires et de si désolantes défaites. Le sage qui ne voit pas d'effet sans cause, veut connaître par quels degrés le peuple de Lyon, si ami du travail, si modéré d'habitude, s'est trouvé conduit dans la sanglante arène d'un combat à outrance; et pendant que les vainqueurs chantent leur triomphe, on voudrait pouvoir interroger les vaincus sur leur défaite. Satisfaire l'attente générale est une tâche difficile à remplir. On ne demande point des bulletins : le pouvoir a fait les siens; datés de Sarragosse, ils étonneraient; datés de Lyon, quel sentiment doivent-ils exciter en nous? On veut un tableau fidèle, un exposé simple des faits, une étude sérieuse des causes et une douloureuse histoire des désastres de la cité.

Mère impartiale et désolée, la Patrie déchirée par les mains de ses enfans, la Patrie veut connaître leurs fautes; elle veut en démêler les causes pour en prévenir les suites; plus tard elle en demandera peut-être le pardon.

Mais pouvons-nous déjà remuer des cendres encore fumantes? pouvons-nous, au nom de l'histoire, interroger des ruines teintes du sang de nos frères? Et des plaies à peine cicatrisées, ne se rouvriront-elles pas plus douloureuses, si nous voulons en sonder la profondeur?

Ces considérations seraient puissantes, et décideraient peut-être au silence, si, loin du théâtre des événemens, un grand corps politique n'était investi au nom de la France entière, du droit de juger des Français impliqués dans ce procès entre les vainqueurs et les vaincus.

Dans l'intérêt du pays, l'instruire est un devoir; au nom de la France il faut tout lui dire. Que chacun fasse entendre sa voix, que les faits soient mis au grand jour, que la lumière sorte de mille relations contradictoires amies ou ennemies, dont voudra s'entourer le juge. Heureux si nous réussissons à attirer son attention sur quelques points, nous publierons sans hésiter, sur les ouvriers Lyonnais, nos observations et nos idées. Juges du camp, désintéressés dans la lutte, partisans du droit et le croyant plus fort que la nécessité du fait, nous croyons pouvoir parler après le combat.

Nous ne prétendons pas donner tous les détails de la sanglante semaine, car toute vérité n'est point bonne à dire, surtout en présence du vainqueur; nous voulons seulement présenter autant qu'il sera en nous, l'ensemble et surtout le caractère de la lutte. Dans les temps de discordes civiles, les insultes ne manquent jamais aux vaincus,

Brigands un jour, héros peut-être la veille ou le lendemain, ils appartiennent à la France; c'est à la France à prononcer sur leur conduite, sur les causes et les résultats de leurs déplorables erreurs.

LES OUVRIERS LYONNAIS

EN

1834.

I.

Coup-d'œil sur la fabrique lyonnaise. — Les fabricans. — Les ouvriers. — Les Mutuellistes. — Les Ferrandiniers.

La ville la plus manufacturière de France, Lyon peuplée de plus de quarante mille ouvriers, n'est pas telle que peuvent le supposer ceux qui ne l'ont pas habitée. Dans cette grande cité toute industrielle, on ne trouve pas, comme ailleurs, plusieurs centaines et quelquefois des milliers d'ouvriers réunis dans un même local, par les soins et pour l'intérêt d'un seul capitaliste. On ne voit pas de ces grands bâtimens dont le propriétaire s'énorgueillit, et dont l'ouvrier devient comme une des parties inséparables. La cloche n'appelle point dans Lyon *le canut* (1) à son mé-

(1) Non généralement donné aux ouvriers en soie.

tier, et la règle de communauté est inconnue aux travailleurs lyonnais. Il n'existe qu'un établissement dans le genre des manufactures proprement dites : c'est la Sauvagère ; encore est-il de fondation toute moderne. Hors de là, vous ne trouvez point à Lyon cette espèce de hiérarchie industrielle dont le manufacturier souvent millionnaire et l'ouvrier à la journée sont les deux extrêmes.

Dans cette ville, chaque ouvrier en soie, reçoit directement du fabricant et la matière à employer, et le dessin ou le perfectionnement à exécuter, et le prix de façon de son travail. Ainsi habitué à débattre lui-même ses propres intérêts, l'ouvrier lyonnais jouit d'une indépendance morale dont aucune autre ville manufacturière ne saurait donner une idée. Le travail lui est confié; l'exécution en est à son libre arbitre. Maître de l'emploi de son temps, comme de sa volonté, il n'a jamais à soumettre l'intention de se reposer ou de s'occuper, qu'à son propre jugement ou à ses besoins. Chez le fabricant lyonnais, vous trouvez réunis les produits de l'industrie de tous les ouvriers employés par lui ; vous ne le voyez en rien diriger lui-même leur conduite ou leur travaux. Et si, sur une porte ordinairement située près de l'entrée principale du magasin, vous lisez ces mots : *Entrée des ouvriers*, il ne faut pas croire que cette porte soit l'entrée des ateliers. Seulement l'ouvrier doit s'y présenter, lorsqu'il vient recevoir de son fabricant les soies à mettre en œuvre, ou lorsqu'il lui rapporte une pièce façonnée.

Le capitaliste lyonnais, uniquement occupé du soin de se procurer des matières convenables à ses commandes, de faire composer de nouveaux dessins, d'essayer de nouveaux mélanges, ou de faire appliquer des modes nouveaux de tissage, n'a donc pas à s'inquiéter des détails intérieurs d'une manufacture. Tout ce qui a rapport à la mise en œuvre, étant le fait particulier de l'ouvrier, après avoir pesé la soie non ouvrée, et donné ses instructions pour la fabrication de telle ou telle étoffe, le fabricant n'a plus qu'à peser de nouveau la pièce façonnée, pour vérifier si toute la matière a été employée, et à payer le prix convenu de la façon. Ce prix de façon devient donc nécessairement le point de contestation entre le négociant et l'ouvrier. Si d'un côté, le premier l'élève ou l'abaisse suivant ses commandes, plus ou moins avantageuses, suivant l'habileté de l'ouvrier, enfin suivant ses calculs personnels, l'ouvrier, à son tour, ne l'accepte, qu'autant que le temps consacré à son ouvrage est suffisamment rétribué pour pouvoir fournir à ses besoins et à ceux de sa famille. Traitant de gré à gré, l'industriel et le producteur sont donc sur le pied d'une parfaite égalité.

Tandis que les négocians ou fabricans s'occupent de connaître promptement et sûrement, les variations des prix des soies, les articles les plus recherchés à l'étranger ou à l'intérieur, en un mot, tout ce qui peut favoriser leurs spéculations, et que, sans être associés pour les pertes et les gains, ils le sont, en quelque sorte, par le fait même de la similitude de leurs intérêts; de leur côté, les ouvriers, isolés d'abord par la manière dont ils sont employés, se sont associés plus intimement pour ne pas prendre, à plus bas prix les uns que les autres, une façon, dont quelques-uns pourraient demander un moindre salaire. Le négociant, instruit par les bulletins commerciaux, par les courtiers et par sa correspondance[1], n'achètera pas sciemment, toutes choses étant égales d'ailleurs, une certaine quantité de soie plus cher que ses concurrens. L'ouvrier ne façonnera pas une pièce quelconque à plus bas prix que son camarade ne pourrait le faire.

L'industrie lyonnaise, pour la fabrication des étoffes de soie, se trouve donc ainsi partagée en deux grands camps : 1° les marchands d'étoffes ou fabricans; 2° les ouvriers ou producteurs.

Les premiers sont moins nombreux, mais plus

éclairés, correspondant facilement avec le reste de la France et l'étranger, divisés d'intérêts particuliers, il est vrai, mais unis par le but. Les seconds, plus nombreux, unis d'intérêts et de mœurs, isolés jusqu'alors, et ignorant ce qui se passait au dehors de leur ville, souvent même de leur quartier, s'étaient associés depuis quelque temps, et cherchaient à étendre au loin leurs relations, pour n'avoir nulle part à craindre des baisses de salaire, dont ils ne comprennent pas bien les causes premières, si souvent indépendantes des fabricans.

Lorsque l'activité du commerce, la multiplicité des commandes, le prix des soies, le défaut de concurrence à l'étranger, ou d'autres causes favorables à l'industrie permettent aux fabricans d'élever le prix des façons en raison de l'augmentation progressive des denrées ou des besoins; l'ouvrier lyonnais, laborieux et satisfait du prix de son travail, reste en parfaite intelligence avec eux. Peu à peu, du fruit de ses épargnes, il achète un ou deux métiers, et, de simple ouvrier, il devient propriétaire. Plus tard, il augmente le nombre de ses métiers; plus tard, enfin, il devient fabricant à son tour. Les propriétaires de métiers, associés entre eux depuis les événemens du mois de novembre 1831, ont pris le nom de *Mutuellistes;* leur nombre approchait de 3000. Se soutenir entre eux, éviter une concurrence au rabais, ruineuse pour tous, secourir les membres de l'association frappés par quelque malheur imprévu, se prêter, enfin, en tout et partout, *mutuelle assistance*, telle est, dans son ensemble, la règle de cette association toute industrielle. Elle tendait naturellement à réunir tous les propriétaires de métiers, et à former une union de producteurs, dont le succès devait inspirer de l'inquiétude aux fabricans. Nous n'entrerons pas dans des détails d'organisation, ils seraient superflus. Chacun sait aujourd'hui, en France, comment se forment des sections ou des loges; chacun sait comment des sections correspondent entre elles. Depuis quinze ans, et plus, les mystères des sociétés secrètes ont été mis à la portée de tout le monde. Le *mutuellisme*, sans être une société secrète, en avait adopté les formes; le pouvoir n'a jamais ignoré ni son existence, ni ses résolutions. Les moyens d'y parvenir sont trop simples pour être même indiqués. La police avait ses entrées dans le mutuellisme.

Les ouvriers en soie, non propriétaires de métiers, associés aussi entre eux, s'appellent à Lyon les *Ferrandiniers*. Ce nom leur vient d'une espèce d'étoffe de soie, qu'on fabriquait autrefois à Lyon, et qui s'appelait *Ferrandine*, Ils obtiennent, moyennant partie de leur prix de façon, le loyer d'un métier pour y appliquer leur industrie.

Leur nombre égale ou à peu près celui des Mutuellistes. L'intérêt commun de ces deux cathégories de producteurs, l'élévation du prix de façon, rendant leurs rapport plus fréquens, et plus intimes, il est tout simple que les décisions des uns soient presque toujours adoptées par les autres. Les Mutuellistes et les Ferrandiniers, sont donc la partie organisée de la population industrielle à Lyon. Plus tard nous dirons quelques mots des associations politiques et des réactions des unes sur les autres; seulement nous devons observer ici que, si après les événemens de novembre 1831, le système de tarif conquis par les ouvriers, garanti par M. Dumolard, et consenti par les fabricans, avait pu être maintenu; si l'autorité, au lieu d'afficher une prétendue neutralité entre des administrés d'un même département, entre des citoyens d'un même pays, avait cherché plus à concilier, qu'à réprimer; la lutte qui a pris une couleur politique en 1834, aurait pu encore être prévenue; plus tard, dit-on, *elle eût été plus dangereuse au pouvoir*. C'est possible; mais *on pouvait* l'éviter aujourd'hui. Il n'en a pas été ainsi; nous devons en rechercher les causes.

II.

La fabrique lyonnaise cesse d'être étrangère à la politique. — M. de Lafayette à Lyon. — M. Prunelle, chef de l'opposition révolutionnaire en 1830. — L'opposition pousse à la révolte. — Événement de novembre 1831. — Conduite politique des ouvriers.

Avant que la politique ne fût devenue l'occupation de tout le monde, avant que les prédications quotidiennes de la philanthropie moderne et de tous les économistes des cabinets de lecture et des cafés ne fussent répandues parmi le peuple, la population lyonnaise, quelles qu'eussent été ses convulsions intérieures, ne pouvait donner aucun ombrage au gouvernement. Mais depuis quinze ans, l'industrie étant devenue politique, une opposition habile ayant compris le parti qu'on pourrait tirer au besoin de ces masses populaires, organisées pour le travail et si faciles à pousser au combat, les rapports des fabricans avec les ouvriers étaient aussi devenus politiques. Aussi fallût-il faire un jour une grande démonstration, fallût-il lancer sur la voie publique des milliers d'hommes ignorans, pour qui le Pirée, comme pour le singe de la fable, pouvait être un excellent ami; fallût-il enfin, en saluant d'acclamations populaires le héros des deux-mondes, produire un grand effet moral dans toute la France.

Les rapports fréquens des fabricans avec les ouvriers rendirent la chose facile. Chacun dans Lyon s'adressant aux siens, put lui parler du débouché immense de l'Amérique pour le commerce français. « Le prix de la façon serait augmenté par suite de l'augmentation des commandes; M. de Lafayette, médiateur naturel « entre l'industrie lyonnaise et le commerce « américain, allait venir. M. de Lafayette n'était pas en faveur *à la cour*. Il fallait par une « éclatante manifestation faire comprendre *à la cour* les besoins de l'industrie lyonnaise. » Chacun en causa avec ses amis; la démarche parut bonne, le résultat devait profiter à tous, et chacun alla saluer de ses vivat le Français-Américain. M. Prunelle, maire actuel de Lyon, en tête de la population, harangua le triomphateur, et partagea, dans sa calèche, les honneurs de l'ovation lyonnaise. Les ouvriers de Lyon croyaient ainsi pouvoir obtenir dans l'avenir une grande amélioration commerciale; il suivaient les conseils de ceux qui, comme eux, devaient le désirer; Rien n'était plus naturel.

Plus tard, lorsque les élections de 1830 firent pressentir un coup-d'état prochain, parce qu'il était devenu nécessaire à la royauté acculée dans ses dernières positions législatives, à Lyon comme à Paris, on eut recours aux ouvriers, on faussa leurs idées sur les ordonnances, et la révolte n'était point encore triomphante à Paris, qu'elle s'organisait tumultueusement à Lyon.

Fabricans et producteurs, tous d'accord alors au nom de l'industrie soi-disant menacée, s'insurgèrent contre l'autorité royale. Les pièces d'étoffes furent abandonnées ou coupées sur leurs métiers. Ceux-là même, qui en 1831 refusaient un tarif, ceux qui ont appelé la mitraille sur la ville, ou qui ont souscrit pour les baïonnettes teintes du sang industriel en 1834, ceux-là poussaient alors aux barricades, ceux-là souscrivirent pour les lanceurs de pavés, ceux-là usèrent de toute leur influence pour opposer les masses au gouvernement. Par un fatal aveuglement sur ses propres intérêts, l'industrie était alors presque toute dans l'opposition.

Que tous les ouvriers lyonnais se lèvent, qu'ils

disent les noms des provocateurs de 1830, et s'ils n'osent le dire, qu'on ose le leur demander, tous peuvent répondre, tous diront comment du haut de leurs tréteaux populaires, les tribuns d'alors, échauffaient l'insurrection et en appelaient au peuple des destinées de la France. On allait à la richesse, au bonheur, à la gloire. Peuple abusé, ils vous ont poussé à la misère, au malheur, à l'échafaud!

La révolution fut faite et les choses changèrent de face; l'activité du commerce tant annoncée et promise ne se réalisa point; aux nombreuses et riches commandes de la liste civile, à celles de l'étranger succéda le calme produit par les événémens d'Italie, de Pologne et de Belgique; cependant les impôts augmentèrent et les besoins avec eux. Les négocians, pour vendre leurs produits, durent baisser leurs prix pour obtenir de nouvelles commandes, ils durent se montrer moins exigeans. La façon baissa donc dans le même rapport. Avec les souffrances de l'industrie, commencèrent les récriminations.

L'autorité municipale ou administrative, composée de ceux qui avaient promis tant de merveilles ou de leurs amis, n'était pas en position de remédier à des maux, dont la cause était un résultat de son arrivée aux affaires. Directement ou indirectement intéressée dans la question, elle afficha sa neutralité. En 1831, pour remédier à leurs maux, pour continuer à pourvoir à leur existence, les ouvriers demandaient pour toutes les façons, un tarif approuvé par le pouvoir. *Vivre en travaillant, ou mourir en combattant*, fut leur dernier mot; il ne fut pas entendu, l'insurrection s'ensuivit. Les travailleurs victorieux ne demandaient au préfet leur prisonnier, que ce qu'ils avaient demandé avant le combat. Le mouvement avait été industriel, la politique ne pouvait y prendre part. Si, avant qu'il ne fut commencé, le pouvoir, au lieu de se montrer neutre, avait montré quelque opposition aux ouvriers, si la menace, l'insulte ou la provocation avaient été jetées à foison, en réponse aux plaintes des producteurs, par une autorité saluée naguère de leurs acclamations, nul doute que cette expression violente d'un besoin matériel n'eût alors pris une couleur politique. Si, au nom de la royauté, on avait combattu l'industrie, l'industrie victorieuse eût opposé peut-être la république à la royauté; mais les ouvriers de Lyon ne furent point républicains en 1831, parce que le duel était seulement entre eux et les fabricans. Alors les agens du gouvernement se firent médiateurs entre les vainqueurs et les vaincus, et le maréchal Soult put rentrer sans coup férir, au nom du roi des Français, dans une ville où tout était rentré dans l'ordre au nom de l'industrie.

Loin de nous l'idée de vouloir excuser la révolte des intérêts matériels froissés! Nous sommes loin aussi de demander au peuple, en échange de basses flatteries, une faveur qui, tôt ou tard, ainsi obtenue, se change en mépris ou en haine. Cependant, il faut le dire, le peuple lyonnais en 1831 se montra généreux après son triomphe, comme il avait été terrible dans ce choc imprévu. Si quelques victimes tombèrent parmi les négocians, si plusieurs fabricans, gardes nationaux, succombèrent, ce fut pendant le combat; personne, après la victoire, ne fut inquiété pour sa conduite, et l'autorité appelée médiatrice n'eut qu'à se faire entendre pour se faire obéir. Mais après ce premier duel entre les fabricans et les ouvriers, après cette première lutte sanglante de l'industrie et de la production, peu à peu les choses changèrent encore de face. Sans prévoir que les mêmes causes produiraient les mêmes effets, le gouvernement voulut prévenir les effets sans porter remède aux causes, et dès lors son action constante se montra à découvert contre les ouvriers fiers de leur triomphe, et en faveur des fabricans irrités de leur défaite et des concessions qui leur avaient été arrachées par la force.

Une première trace de sang, avait séparé les deux camps de l'industrie lyonnaise en 1831; une trace plus profonde et plus funeste devait en marquer l'ineffaçable limite après 1832 et 1833.

III.

Le gouvernement fait fortifier Lyon. — Changement de conduite des autorités. — Les ouvriers s'en allarment. — Introduction des sociétés républicaines. — Association et coalition. — Les ouvriers se détachent du gouvernement. — Cessation du travail en février 1834. — Loi contre les associations.

Henri IV avait dit aux Lyonnais : « Je déclare » que je n'aurai de vous aucune défiance, ni dé- » sir de bâtir d'autres citadelles que dans vos cœurs » et bonnes volontés. »

Le gouvernement de 1830 voyant qu'une première fois ses bataillons avaient été chassés de la seconde capitale du royaume, et ne voulant plus les laisser exposés à de semblables retraites, résolut de bâtir des citadelles ailleurs que dans le cœur des citoyens. Un vaste système de défense fut adopté pour Lyon. Avec l'augmentation de sa garnison, la ville vit arriver tout le personnel d'une direction des travaux du génie. En partie dirigés contre les ennemis extérieurs, en partie élevés contre les points les plus menaçans de la cité, les forts de Montessuy, de Lamothe, et nombre d'autres, s'élevèrent rapidement à la vue des habitans étonnés.

Pour calmer l'irritation populaire dont on ne se croyait pas encore assez maître, on s'adressa d'abord à l'honneur national. On ne cessa d'entretenir le public des rues de l'invasion possible des étrangers, des trames des carlistes. En cas de guerre, on représenta Lyon comme pouvant arrêter seul l'ennemi envahissant la France. La ville, fortifiée en 1814, eût prévenu, disait-on, la chute de Napoléon! La population lyonnaise, n'ayant aucun grief direct contre les bâtisseurs de citadelles, vit après de semblables déclarations embastiller ses collines, sans crainte et sans défiance aucune.

Mais peu à peu les vaincus de 1831 reprenant courage, le retour des scènes de novembre étant représenté comme impossible, grâce au frein bastionné imposé à la fougue populaire, les ouvriers s'alarmèrent des menaces dont ils devenaient l'objet. Ils commencèrent à voir que l'autorité quittait le terrain de la neutralité; la garde nationale dissoute n'était pas reformée, la garnison n'était pas réduite sur le même pied qu'en 1831; les promesses des tarifs et de pacifiques améliorations étaient déclarées impossibles, impraticables, impolitiques même. Les fabricans de leur côté approuvant ouvertement tous les moyens de répression et de défense adoptés par le pouvoir, l'ouvrier s'habitua à voir dans les agens de l'autorité des alliés de ses ennemis naturels. Alors et seulement alors, la république vint planter son drapeau à côté de celui de la production pour s'opposer à la royauté, alliée de la fabrique.

Si la violation du programme de l'Hôtel-de-Ville n'eût été qu'un simple escamotage de mots, si avec le nouvel ordre de choses dont l'établissement s'était vu, à Lyon, tout au profit des intérêts matériels, si ces intérêts eussent été satisfaits, il aurait peu importé aux ouvriers mutuellistes et autres de Lyon et de tant d'autres villes que M. Dupont de l'Eure fût ou ne fût plus ministre de la justice. Ils avaient contribué au renversement de la branche aînée pour obtenir un meilleur avenir. L'eussent-ils trouvé, les prédications républicaines fussent venues long-temps encore se heurter sans fruit contre leurs intérêts satisfaits. Mais lorsqu'après un démenti positif donné à des promesses formelles d'amélioration par ceux-là mêmes qui les avaient faites, les travailleurs virent que le pouvoir et la fabrique s'appuyant l'un sur l'autre ne cherchaient nullement à éviter des collisions d'intérêts dans l'avenir, mais à préparer des moyens d'en sortir victorieusement, les coalitions, les sociétés secrètes se multiplièrent. Bien convaincus que l'union fait la force, les Lyonnais commencèrent ce grand travail de l'organisation des travailleurs qu'on a combattu, frappé, décimé, mais qui semblable au polype à mille branches renaîtra sans cesse sous la main incapable de l'extirper.

Le mutuellisme se recruta chaque jour; la société des droits de l'homme importée de Paris, se forma rapidement à Lyon; ses statuts plus généraux que ceux d'une association purement industrielle lui permirent de recevoir un plus grand nombre d'adeptes.

Ils furent pris dans toutes les classes des travailleurs indépendamment de leurs engagemens industriels.

Laissant de côté les coalitions de chaque corps d'état faites à Lyon comme à Paris, et les autres associations moins influentes, soit par leur nombre, soit par le caractère politique de leurs chefs, nous devons considérer quelle fut la conduite de ces deux principales sociétés populaires.

Le mutuellisme fidèle à son institution, éloigna tant qu'il le put la politique de ses délibérations.

Améliorer le sort du producteur, était sa devise.

La société des Droits de l'Homme, au contraire, ramenant toute question industrielle à la politique, avait adopté pour principe la participation de tous aux affaires de tous. Les membres du Droit de l'Homme, associés dans les autres sociétés industrielles ou populaires, répandaient donc nécessairement dans celles-ci les idées républicaines de leurs délibérations particulières. La presse favorisa toutes ces associations. Nul doute que Lyon ne fut appelé à devenir un grand centre d'action. Les ouvriers de tous les états admis aux sociétés patriotiques, ou qui en recevaient les échos, ne voyaient dans le nouveau moyen de gouvernement proposé, que l'amélioration long-temps promise et annoncée par tout ce qui n'était pas peuple et qui ne pouvait se réaliser que par le peuple lui-même. Ainsi, peu à peu ils devenaient républicains, parce que la monarchie les menaçait et ne les flattait plus. Les publications démocratiques furent reçues avec enthousiasme ; les crieurs publics furent protégés. En négligeant de chercher au moins à satisfaire leurs besoins, en les menaçant de leur donner de *terribles leçons*, on les fit de plus en plus s'attacher à perfectionner leur système d'organisation. En l'étendant au-dehors, ils pouvaient bientôt au besoin en tirer des forces immenses. Au moyen de cette force d'organisation, en février 1834, l'augmentation demandée par les ouvriers travaillant dans les peluches amena la suspension générale des métiers. Les travailleurs lyonnais voulant imposer aux fabricans un nouveau tarif, l'appel aux armes fut même mis en délibération; il n'eut pas lieu. Alors l'autorité crut avoir remporté une grande victoire, parce que l'augmentation ne fut pas accordée, et parce qu'effrayée sans doute d'un grand déploiement de forces, l'association des mutuellistes avait fait reprendre les travaux. On crut avoir tout fait, lorsque les mutuellistes arrêtés furent mis en jugement. Cependant l'inquiétude sur l'avenir était grande, parce qu'instruit des délibérations qui avaient eu lieu, le pouvoir savait comme tout le monde que, si l'unanimité des sociétés avaient voulu un mouvement, il aurait été tenté alors et peut-être avec succès. La loi contre les associations, bonne peut-être pour combattre les associations naissantes et encore faibles, pouvait être rendue inexécutable par la volonté de tous les sociétaires, quels qu'ils fussent dans toute la France. Des gens habiles à profiter de cette initiative hostile du gouvernement, semaient donc les germes de la résistance à employer contre la violation d'un droit conquis et assuré en juillet 1830. A la menace faite à toutes les associations, toutes les associations s'étaient alarmées; au mot de résistance à l'arbitraire, toutes s'étaient consultées. Le combat pouvait devenir général. On prenait donc déjà à Lyon des mesures pour être sûr de la victoire, quand le procès des mutuellistes arrêtés en février fut appelé en police correctionnelle. Les masses se disposaient à défendre le terrain des associations; elles furent amenées sur le terrain de l'émeute.

Laissons à d'autres à imaginer ce qui serait arrivé d'une résistance opposée, partout et à la fois, aux moyens coercitifs employés pour dissoudre les associations; laissons à ceux qui connaissent la tactique des révolutions deviner pourquoi il n'en a pas été ainsi; nous avons d'un coup-d'œil examiné la position des ouvriers lyonnais; nous les avons vu passer de l'amour de l'ordre de choses actuel à la haine, de l'isolement à l'association : il nous reste à dire comment de la paix, une partie s'est jetée dans le combat; il nous reste à les compter, à les suivre dans la lutte, et à les plaindre; car nous pouvons bien accorder une plainte aux dupes et aux hommes égarés. Nous n'avons de mépris et de colère que pour les méchans.

IV

Provocation de la presse ministérielle. — Prudence des républicains. — Procès des Mutuellistes. — Séance du samedi 5 avril. — Ses conséquences. — On se dispose au combat. — Influence des propos publics sur les malheurs qui suivirent. — Silence de la mairie. — Sa proclamation, son insuffisance. — Proclamation républicaine, sa nullité. — Le combat est inévitable.

« *Il faut en finir*, » avait dit l'organe avoué de l'autorité à Lyon. Et ce défi adressé en février dernier à un peuple brave et une fois vainqueur, devait tôt ou tard provoquer de nouveaux combats. « *Il faut en finir*, et au plus tôt, » répétaient tous ceux qui cachant l'égoïsme de leur opinion sous le semblant de l'amour de l'ordre et des principes conservateurs des sociétés, craignaient d'anciens complices devenus des ennemis et voulaient vraiment en finir avec eux. Cependant les hommes sages, dans les partis opposés au gouvernement, bien convaincus que le temps était pour eux, n'avaient garde de vouloir en finir en un jour. Attendre qu'on vînt les attaquer était une tactique plus sage; mais par cela même elle était moins facile à bien comprendre pour des masses sans cesse appelées au combat et croyant qu'il y aurait du déshonneur à le refuser. Aussi, lorsque le samedi 5 avril, les Mutuellistes arrêtés pendant les troubles de février, et traduits en police correctionnelle furent conduits au Palais de Justice, leurs amis, leurs compagnons, descendirent tous dans la rue avec eux; ils crurent le moment de la résistance annoncée venu pour eux. Les têtes ardentes qui voulaient aussi de leur côté *en finir*, les suivirent. De graves désordres en résultèrent. Un témoin à charge fut maltraité, le procureur du roi fut insulté. Au milieu de la fermentation occasionnée par cette procédure et par toutes les passions s'agitant autour du sanctuaire de la justice, comme pour en influencer les graves délibérations, deux détachemens du 7me régiment d'infanterie légère, bien loin de repousser les hommes du peuple et de réprimer le trouble, semblèrent fraterniser en buvant avec eux. Un jugement du conseil de guerre a acquitté l'officier commandant cette troupe. Respectons cette décision. Seulement observons que les exaltés crurent y voir une manifestation non équivoque de la troupe en leur faveur et que, sans cet accident, peut être y eût-il eu moins de monde le 9 avril sur la place Saint-Jean devant le 7me léger, au moment de la première décharge. Peut-être, sans cette circonstance promptement publiée partout (1), le lendemain dimanche, au convoi funèbre d'un ouvrier, n'eût-on pas compté près de dix mille hommes marchant à rangs serrés et saluant les soldats sur leur passage.

Quoi qu'il en soit, averti par ce qui venait de se passer que la résistance serait possible, lors

(1) Nous croyons devoir publier ici les parties du récit du *Précurseur* relatives à cet épisode militaire de la journée.

« L'autorité a fait arriver avec cet heureux à propos qui « la caratérise une compagnie d'infanterie qui s'est appro- « chée tranquillement du palais. Aussitôt que l'on a aperçu « les soldats, les cris de *vive la ligne, vive le 7e, vivent nos « frères* sont partis de toutes parts dans la foule qui cou- « vrait la place St-Jean; les soldats, d'un air amical, ré- « pondaient à la bienveillance des ouvriers qui leur serraient « la main; bientôt les baïonnettes qui étaient au bout des « fusils sont rentrées dans le fourreau, les officiers ont ren- « gaîné leur sabre et la plus cordiale union a régné entre « les citoyens et les soldats. Des tables ont été dressées aux « portes des marchands de vin, les soldats, la crosse en « l'air, acceptaient gaiement les offres de leurs concitoyens. « Une autre compagnie, arrivée plus tard, s'est jointe avec « le même empressement à ces démonstrations pacifiques. « La confiance était entière entre tous.

du prononcé du jugement, remis au mercredi suivant, le pouvoir dut prendre toutes les mesures possibles; le télégraphe et les courriers ne cessèrent d'apporter de nouvelles instructions; des renforts furent demandés et commandés dans toutes les directions. Des précautions de tout genre furent prises, et la troupe fut habilement excitée contre les fauteurs d'insurrection et contre les ouvriers représentés comme des brigands français, plus dangereux mille fois que des ennemis étrangers.

Faut il le dire? peut-on, sans gémir sur les funestes effets de nos discordes civiles, répéter les barbares propos tenus pendant ces jours de suspension d'armes? Dirons-nous ces mots impitoyables, arrachés par la peur peut-être et par l'intérêt personnel à des gens dont pas un, hors de là, ne voudrait sans doute le mal de qui que ce fût? Non; oublions ces insultes, ces mots de *canaille à mitrailler*, ces réflexions sur la nécessité de *se débarrasser des turbulens;* disons seulement que ces pensées, malheureusement trop répétées et trop hautement exprimées, devinrent le mot d'ordre donné à la troupe, mot d'ordre terrible, et qui ne fut que trop pris à la lettre; mot d'ordre, qui explique au moins, s'il ne les excuse, tous les malheurs particuliers dont nous pourrons avoir à gémir dans le cours de notre récit.

De leur côté, les Mutuellistes, voyant bien que le prononcé du jugement n'avait été ajourné au mercredi 9, que pour en assurer militairement l'exécution, s'assemblèrent pour délibérer sur le parti à prendre; toutes les sociétés les imitèrent. Résister, vaincre ou périr; *en finir*, comme on les en avait menacés, fut partout le mot des courages ardens, des hommes incapables de s'arrêter une fois lancés dans une carrière brûlante. Personnellement insultés, ils se croyaient personnellement obligés à la défense; tous ceux-là se préparèrent au combat. Leur nombre était assez faible; on sait combien de gens, dans une assemblée quelconque, à l'occasion crient haut et fort: aux armes! et dans leur intérieur, entourés de leur famille, livrés à leurs réflexions, n'aiguisent plus leurs armes qu'en hésitant; combien ne les prendront même pas au jour provoqué par eux. Si, d'un côté, les plus exaltés des sociétés populaires attendaient ce combat avec une sorte d'impatience; de l'autre aussi, les habiles opinaient pour que nulle manifestation hostile n'eût lieu.

Partout il se trouvait des gens persuadés que savoir attendre, est souvent vaincre. Ceux-là conseillaient donc d'attendre que tout ce qui en France faisait partie des sociétés populaires, fût unanime dans la résolution de combattre une loi qui menaçait l'intérêt général des associations, et non une application particulière à quelques Lyonnais. Ces avis prévalurent-ils? On pourrait presque l'affirmer; mais, comme toujours, les événemens marchèrent autrement qu'on ne l'avait prévu, et la journée du 9 avril arriva pour voir réaliser les résultats de la situation des ouvriers, des fabricans et du pouvoir.

Depuis le samedi jusqu'au mercredi, l'administration municipale, souvent plus éloquente, ne garda pas complétement le silence; mais au lieu de publications fréquentes, distribuées en abondances et non affichées, au lieu de ces exhortations paternelles qui persuadent, au lieu de ces paroles qui touchent plus qu'elles n'effraient, tandis que le journal du pouvoir ne parlait que *de leçons à donner*, on fit placarder la pièce suivante :

LYONNAIS!

«Des désordres d'un caractère grave ont eu «lieu, samedi dernier, sur la place Saint-Jean et «à l'entrée du Palais-de-Justice, à l'occasion de «la mise en jugement d'individus prévenus de «contraventions aux articles 415 et suivans du «Code Pénal.

«Quelques hommes, signalés depuis long-

« temps par leur coupable persévérance à exploi-« ter toutes les circonstances où le trouble peut « être excité, ont porté l'oubli des lois et des de-« voirs du citoyen, jusqu'à attenter par des voies « de fait à l'indépendance du pouvoir judiciaire, « et ont cherché à égarer et à associer à leurs pro-« jets insensés une population laborieuse et essen-« tiellement amie de l'ordre et de la paix publi-« que.

« Les ouvriers, nous en sommes certains, ne « se laisseront point égarer par de perfides con-« seils; ils savent que c'est par le travail et l'in-« dustrie que notre belle cité est parvenue à occu-« per le premier rang parmi les villes manufac-« turières; ils savent aussi que l'ordre et le travail « sont inséparables du maintien de l'ordre pu-« blic.

— « L'ordre public sera maintenu.

« L'autorité veille; les mesures sont prises et « toute tentative de trouble serait sévèrement « réprimée.

« Elle n'ignore pas que des malveillans s'agitent « encore, et projettent de renouveler les mêmes « scènes de désordre dont nous avons eu à gémir, « trois jours.

« Leurs efforts seront vains; ces factieux reste-« ront isolés au milieu de la population, que son «bon sens et sa sagesse préserveront de toute «participation à des actes repréhensibles.

«Mais, dans de telles circonstances, il ne suf- «fit pas à l'autorité d'avoir pris d'énergiques me- «sures pour réprimer, au besoin, les ennemis du «gouvernement et de la paix publique; c'est en- «core un devoir sacré pour elle de prévenir les «bons citoyens, et de les inviter à ne pas grossir, «par leur présence, les rassemblemens tumul- «tueux qui pourraient se former.

«Nous espérons que les Lyonnais entendront la «voix de leurs magistrats.

«Nous espérons que si l'autorité, par une triste «nécessité, était réduite à recourir à la force «pour faire respecter les lois et l'indépendance «des tribunaux, elle n'aura pas à ajouter à ses «regrets la douleur de voir de bons citoyens de- «venir victimes de leur curiosité, et souffrir des «mesures qui ne doivent atteindre que les fac- «tieux ennemis des lois et de la prospérité de no- «tre industrie manufacturière.

«Fait à l'Hôtel-de-Ville, Lyon le 8 avril 1834.

Le maire de la ville de Lyon,

«Vachon-Imbert, adjoint.»

Tout ce que nous avons dit précédemment des rapports des ouvriers avec les autorités ne rendait-il pas cette proclamation insuffisante ? Pour des gens prévenus de la partialité supposée du pouvoir contre eux, suffisait-il de ce peu de paroles depuis cinq jours ?

Quand dans nos guerres de la Fronde, Condé et le cardinal de Retz étaient près d'en venir aux mains, Mathieu Molé se jettait entre les deux rivaux; il agissait et ne parlait pas; ici on parlait sans agir. Aussi, à peine placardée, partout les amis de l'ordre proclamaient l'insuffisance de cette affiche. Un journal du 9 avril, au matin, disait : « A la veille des déchiremens qui peuvent « être épouvantables, voici la proclamation, qu'en « l'absence du maire, le premier adjoint a cru « devoir faire afficher. Aux yeux de tout lecteur « impartial, elle ne dit rien autre chose, si ce « n'est que deux armées sont en présence, prêtes « à se livrer combat. »

Et si l'on parlait ainsi, ce n'était point au hasard; les préparatifs de guerre étaient faits au grand jour. Le même journal les publiait pour bien faire sentir aux plus exaltés l'inutilité d'une lutte contre une armée campée dans leur ville.

« L'Hôtel-de-Ville a reçu aujourd'hui, » disait un article du 9 au matin, » chevaux de frise, fu- « sées, projectiles, armes offensives et défensives de « toute espèce, comme une place de guerre me- « nacée d'un siége. Les postes sont doublés par-

« tout, et on a établi des batteries jusque sur les « hauteurs voisines, qu'on n'avait pas jugé à pro- « pos de fortifier jusqu'à présent, et qui complè- « tent ainsi, en se liant aux forts détachés, un « formidable système d'opérations sur la ville.

Dans cet état de choses, les membres éclairés des sociétés secrètes ne devaient pas vouloir une attaque si bien prévue par les autorités; mais les hommes d'action, partisans des coups de mains, enhardis par les scènes du samedi, poussés par leur fatalité à accepter ce combat, quelque désavantageux qu'il parût être à leurs co-associés, ne tinrent aucun compte, ni des paroles pacifiques réitérées dans *le Précurseur* du 9 au matin, ni des menaces de la mairie. Tous, ils se portèrent dans les rues et sur les places publiques du Palais-de-Justice.

Les hommes de désordre épars dans la population respiraient ce je ne sais quoi de batailleur, qui circule dans l'air d'une grande ville, en temps de révolution, lorsque le peuple inonde la voie publique. En général, ils n'avaient sur eux aucune arme; on peut l'assurer à l'avance, sans craindre que les débats d'un grand procès ne le démentent, mais ils se disaient à eux-mêmes : Nous en prendrons, nous en ferons. (1)

(1) L'autorité elle-même savait que les ouvriers n'avaient pas un grand nombre d'armes; et personne à Lyon, comme

Les plus prudens sans doute, restaient près de celles dont ils pouvaient disposer, les comités des associations étaient réunis en permanence, dans le but d'éviter des malheurs probables; mais ils ne prenaient aucune de ces mesures, faites pour assurer le succès des grandes insurrections, ainsi qu'il avait été fait à Paris en juillet 1830.

Quand nous osons dire que les gens sages du parti républicain avaient voulu empêcher une collision, nous n'en saurions donner une meilleure preuve que la proclamation suivante affichée et distribuée parmi le peuple, dans la matinée, avant le commencement des hostilités.

Citoyens!

« L'audace de nos gouvernans est loin de se « ralentir; ils espèrent par là cacher leur fai- « blesse, mais ils se trompent; le peuple est trop « clairvoyant aujourd'hui; ne sait-il pas d'ailleurs « que toute la France les abandonne, et qu'il « n'est pas un homme de conscience, dans quel- « que position qu'il soit, manufacturier ou pro-

à Paris, en 1830, n'avait un arsenal approvisionné, préparé pour la révolte; l'événement l'a prouvé.

« létaire, citoyen ou soldat, qui ose se proclamer « leur défenseur ?

« Citoyens, voici ce que le gouvernement de « Louis-Philippe vient encore de faire...... Par « des ordonnances du 7 de ce mois, il a nommé « plusieurs courtisans, ennemis du peuple, à des « fonctions très-lucratives. Ce sont des sang-sues « de plus, qui vont se gorger de l'or que nous « avons tant de peine à amasser, pour payer d'é- « crasans impôts. Parmi eux, se trouve Barthe « le rénégat, qui est aussi nommé pair de « France !.. .. Ainsi, l'on récompense les hom- « mes sans honneur, sans conscience, et on laisse « souffrir de misère ceux qui sont utiles au pays : « les ouvriers, par exemple, et les vieux soldats. « Pourquoi nous en étonner !..... Ceux-ci sont « purs et braves ; ils ne chérissent l'existence, « que parce qu'elle leur donne la faculté d'aimer « et de servir leur patrie ; c'est pourquoi aussi « on les emprisonne, on les assomme dans les rues « et on les envoie à Alger !..... Ce n'est pas là ce « que ferait un gouvernement national, un gou- « vernement républicain. Mais l'acte le plus si- « gnificatif de la royauté, c'est la nomination « de Persil au ministère de la justice !..... Persil, « citoyens, c'est un pourvoyeur d'échafauds !.... « C'est Persil qui a fait rouler les têtes des hom- « mes les plus patriotes de la France, et si les

« jurés les lui ont refusées, ce n'est pas faute « d'insistance de sa part!..... C'est Persil qui a « eu, le premier, l'infamie de dire, qu'il fallait « détruire les associations et abolir le jury!!! En « le prenant pour ministre, la royauté a donc « adopté toutes les pensées, toutes les haines de « cet homme! Elle va donc leur laisser un libre « cours!..... Pauvre France, descendras-tu au « degré d'esclavage et de honte auquel on te « conduit?.....

« La loi des associations est discutée dans ce « moment à la Chambre des pairs. Nous savons « tous qu'elle y sera immédiatement adoptée. « Nous la verrons donc très-incessamment pla- « cardée dans les rues!...

» Vous le voyez, citoyens, ce n'est pas seule- « ment notre honneur national et notre liberté « qu'ils veulent détruire, c'est notre vie à tous, « notre existence qu'ils viennent attaquer. En « abolissant les sociétés, ils veulent empêcher aux « ouvriers de se soutenir dans leurs besoins, dans « leurs maladies, de s'entr'aider, surtout pour ob- « tenir l'amélioration de leur malheureux sort!... « Le peuple est juste, le peuple est bon; ceux qui lui « attribuent des pensées de dévastation et de sang, « sont d'infâmes calomniateurs, mais ceux qui leur « refusent des droits et du pain sont infiniment « coupables.

« Ouvriers, soldats, vous tous, enfans de l'hé-
« roïque France, souffrirez-vous les maux dont
« on vous menace, consentirez-vous à courber
« vos têtes sous le joug honteux qu'on prépare à
« votre patrie? Non; c'est du sang français qui
« coule dans vos veines, ce sont des cœurs fran-
« çais qui battent dans vos poitrines, vous ne
« pouvez donc être assimilés à de vils esclaves.

« Vous vous entendrez tous pour lui rendre
« son titre de première des nations!...

» 8 avril 1834. »

Un parti, qui certes ne manque pas d'habiles écrivains, sachant comment on peut émouvoir et échauffer le peuple, eût-il lancé un semblable appel aux armes? Chacun peut en juger. Il est tout au plus l'œuvre d'individus isolés, de gens exaltés par leurs opinions, nourris des déclamations des sections.

C'est le résultat des sociétés républicaines, ce n'en est pas le manifeste. Membre des sociétés patriotiques, un Mutuelliste exaspéré a pu faire une semblable proclamation; un comité républicain eût mieux écrit; il y avait mieux à dire, il faut l'avouer.

Dès la veille, sans doute, et dès les jours précédens, les partisans de l'insurrection avaient annoncé à leurs amis éloignés la possibilité d'un combat. Partout, d'après cela, on devait l'annoncer et le prévoir; mais comme quand le feu et la poudre sont en présence, on doit annoncer et prévoir une prochaine et épouvantable explosion.

—

V.

Coup-d'œil topographique sur Lyon. — Sa population. — Force de la garnison le 9 avril au matin. — Position des troupes, bonnes dispositions du général. — Les deux partis s'observent. — Place St-Jean. — Premier feu. — Les ouvriers courent aux barricades. — Situation de la ville.

Nous croyons ici devoir, en quelques mots, indiquer à peu près la position topographique des différens quatiers et faubourgs de la ville, où les combats furent engagés, pour que l'on puisse juger de la vérité de certaines assertions publiées dans les premiers jours de la lutte.

La ville de Lyon, dont le centre occupe une grande presqu'île entre le Rhône et la Saône, est dominée au nord-est et au nord-ouest par des hauteurs. Sur celles situées au nord-est, entre le Rhône et la Saône, est la ville de la Croix-Rousse, espèce de faubourg de Lyon, battue par le fort Montessuy, construit depuis 1831. Entre la Croix-Rousse et le quartier des Capucins habité par des négocians et des ouvriers, on a établi la caserne fortifiée des Bernardins. Elle est destinée à réduire cette partie de la ville en cas d'émeute et à l'isoler du faubourg Saint-Claire situé le long du Rhône. Au nord et au nord-ouest, sur le penchant des hauteurs de la rive droite de la Saône, dont les forts Saint-Irénée et d'autres en construction compléteront bientôt le système de défense, sont placés les quartiers de Saint-Just, Saint-Jean et Saint-Georges. Le sanctuaire de Fourvières, placé au haut de l'escarpement le plus rude de la montagne, domine ces trois quartiers, en plongeant presque perpendiculairement sur le quartier Saint-Jean. Les ouvriers sont en grand nombre dans cette partie de la ville et peuvent toujours être en communication facile avec le faubourg de Vaise. Celui-ci longe le prolongement de ces collines, en remontant la rive droite de la Saône, sur la route de Paris. Sa nombreuse population compte aussi beaucoup d'ouvriers en soie. Sa communication entre Vaise et la Croix-Rousse peut avoir lieu, malgré les forts élevés jusqu'à ce jour, par les parties de cette ville qui descendent vers le pont de la Gare ou par celles qui débouchent sur la campagne.

La ville de la Guillotière et des Brotteaux toute située en plaine sur la rive gauche du Rhône est menacée de loin par le fort Montessuy et renfermée déjà dans une enceinte de forts détachés. Le fort Lamothe seul peut l'isoler complétement du Dauphiné. La Guillotière peut couper la communication directe de Lyon avec tout le midi, en occupant la tête du pont de ce nom. Le nombre, à la Guillotière, des ouvriers en soie est moindre eu égard à sa population, qu'à Saint-Georges et à la Croix-Rousse.

Le centre de la ville, entre le Rhône et la Saône, où sont les paroisses Saint-Bonaventure ou des Cordeliers et de Saint-Nizier, est coupé par beaucoup de rues étroites, mais populeuses, marchandes, et habitées surtout par des détaillans plutôt que par des ouvriers.

Le quartier de Bellecour, percé de rues larges et droites, bordé par le confluent des deux rivières, en communication par le pont de la Mulatière, avec le Midi, et, précédé de la place Louis-le-Grand, peut devenir pour des troupes une position *inexpugnable*, si les hauteurs de Saint-Georges ne sont pas garnies d'artillerie ennemie.

La population de Lyon, en y comprenant les faubourgs, est d'environ cent quatre-vingt mille habitans. Si nous n'avons pas parlé des industries autres que celle de la soie, c'est qu'elle est la plus nombreuse, et qu'elle a été seule mise en cause.

En 1830, la garnison de Lyon était d'environ deux mille cinq cents hommes; en 1831, au moment des événemens de novembre, outre sa garde nationale, la ville avait près de cinq mille hommes effectifs.

Mais depuis, malgré la répétition des fautes qui avaient livré Paris, en 1830, à la révolution, et fait tomber l'antique monarchie, l'autorité, à Lyon, avait été heureuse d'échapper aux fatales conséquences qu'aurait pu avoir l'évacuation de la ville; elle se tenait sur ses gardes, et y avait rassemblé une garnison nombreuse qui, terme moyen, ne resta jamais au-dessous de dix à onze mille hommes.

Le 9 avril au matin, la division formant la garnison aux ordres du général Aymar, présentait un effectif de plus de douze mille hommes ainsi répartis :

INFANTERIE.

6e de ligne	à 3	bataillons,	2,100	hommes environ;
27e	»	»	»	2,100
28e	»	»	»	2,100
21e	»	1	»	700
7e léger	à 3	»		2,100
15e	»	2	»	1,400
				10,300

	Report d'autre part :	10,300

CAVALERIE.

7e dragons à 6 escadrons, 800 h. / 8e » 3 » 450	} 1,100 chevaux.	1,250

ARTILLERIE.

13e régiment nouvellement formé de détachemens tirés des 1er, 4e, 7e et 8e régimens de cette arme.	1,100
Enfin 3 compagnies du 2e régiment du génie.	150
Total. . .	12,800

Et pour ne rien omettre dans la force armée, dont le gouvernement disposait, cinq brigades de gendarmerie à cheval et cinq à pied. Les Mutuellistes, les Ferrandiniers, unis aux Droits-de-l'Homme, si tous eussent pris part au combat, étaient sans doute loin de réunir un aussi grand nombre de combattans. Le général pouvait compter sur l'arrivée des renforts qu'il avait demandés. Les ouvriers, partisans du coup de main, espéraient que les populations de Saint-Etienne, de Tarare, de Châlons, de Grenoble, émues par leur appel populaire se lèveraient en masse comme eux, et viendraient combattre avec eux. Leur confiance n'était donc nullement diminuée par la possibilité d'avoir à lutter contre un nombre de troupes, double ou triple du leur.

Dès la pointe du jour, quatre bataillons, serrés en masse par divisions, avaient été placés comme réserve sur la place Bellecour, avec la cavalerie adossée aux arbres de la promenade des tilleuls et deux sections d'artillerie sur les flancs. Tout annonçait, dans cette disposition de troupes, qu'en cas d'attaque, cette place deviendrait à la fois une réserve et un quartier général.

Le peuple circulait paisiblement autour des troupes; aucune communication n'avait lieu avec elles.

Les positions fortifiées qui dominent la ville, surtout celles entre la Saône et le Rhône, avaient reçu un renfort d'hommes et des provisions de guerre et de bouche. L'Hôtel-de-Ville avait été rendu imprenable, et les abords du Palais-de-Justice étaient militairement occupés par des bataillons ou des divisions d'infanterie. L'isolement complet du soldat, cette précaution de le tenir à l'abri de toute communication avec les habitans, eut le double avantage, d'abord, d'éviter l'entraînement et la séduction, et puis de convaincre le militaire qu'il était dans une ville ennemie, ou qu'il fallait traiter comme telle.

Les ponts inférieurs de la Saône surveillés par de forts détachemens, le quai du Rhône éclairé par de la cavalerie et occupé par de nombreux piquets; partout enfin, on voyait les préparatifs d'une défense parfaitement entendue. Les troupes étaient toutes disposées de manière à pouvoir promptement prendre l'offensive.

L'autorité municipale, se considérant sans doute elle-même comme en état de guerre, s'était abandonnée à la force militaire. Peut-être tous les malheurs de Lyon s'expliquent-ils par cela seul. On avait dit à un officier général : « *Gardez la ville*, » et il l'a gardée. Si on lui avait dit : « *Sauvez la ville*, » sans doute il l'aurait sauvée ! Pendant toute la matinée, les soldats et les ouvriers s'observèrent inquiets et silencieux partout où ils se rencontraient

Quelques patrouilles de dragons, passant sur la place de la préfecture, à dix heures et demie, avaient été saluées des acclamations usitées : *Vivent les dragons*, et avaient paru peu hostiles au peuple (1). Mais, hors quelques rencontres de patrouilles, le contact du gros de la troupe avec les ouvriers était impossible.

Les heures s'écoulaient ; le procès des Mutuellistes avait commencé, et leurs défenseurs allaient prendre la parole ; Lyon était calme encore ! Cinq ou six mille ouvriers au plus, occupaient, en se promenant, toute la partie de la ville com-

(1) Plusieurs donnèrent même la main aux hommes du peuple.

prise entre le Pont-de-Pierre et le pont du Concert, d'une part; la place Bellecour et le Palais-de-Justice, de l'autre.

La place Saint-Jean, voisine du Palais-de-Justice, offrait seule un rassemblement dont on pût craindre quelque attaque; la force militaire y était aussi beaucoup plus considérable qu'ailleurs. Le 7e léger occupait ces positions, sans doute pour se mettre à même de donner un démenti à la conduite de son détachement sur cette même place dans la journée du samedi.

Pourquoi faut-il qu'avant le combat on n'ait pas fait ce qui fut pratiqué ensuite avec tant de succès, lorsque les premiers coups de fusils eurent été tirés? Pourquoi la circulation ne fut-elle pas interdite dès le matin? Pourquoi, puisqu'on était résolu à l'arbitraire de l'état de guerre après-midi, ne le déployait-on pas dès neuf heures du matin? La mesure prise d'empêcher toute espèce de rassemblement eût été exceptionnelle et rigoureuse; elle eût cependant mieux valu que la mitraillade et les pétards.

Dire comment le combat fut engagé est chose difficile, avant que l'instruction judiciaire ne prononce; et encore tant de gens ont intérêt à se taire, que la vérité sera peut-être impossible à découvrir. Les uns affirment que les sommations ne furent point faites, parce qu'elles ne furent pas *jugées convenables*. Le bulletin ministériel n'en parle pas non plus, en annonçant qu'à la lecture d'une proclamation, l'ordre fut donné de disperser les ouvriers. Attendons pour décider.

Nous avons dit comment, dans l'état moral de la population, une étincelle pouvait mettre le feu à tant de matières inflammables. Si la justice doit informer pour savoir qui a porté le premier coup, l'histoire doit dire qu'un premier coup était désormais inévitable.

A onze heures moins un quart, une décharge est faite, par un détachement de gendarmerie, sur la place Saint-Jean. Fut-elle provoquée? nous l'ignorons, elle occasionna la mort d'un agent de police qui se trouvait auprès d'une barricade, à laquelle, dit-on, il paraissait travailler. La foule sans armes, en partie composée d'ouvriers, est criblée de balles, plusieurs victimes inoffensives tombent. Le cri, *aux armes* et *vengeance*, répond à ce premier feu; les issues de la place, subitement évacuées, sont cernées par des barricades faites en peu d'instans par les gens du quartier, et les autres s'échappent dans toutes les directions. Les uns courent le long du quai de Saône pour gagner le faubourg de Vaise et la Croix-Rousse; quelques autres traversent la place Bellecour pour se rendre à la

Guillotière, et un grand nombre, en passant le pont Séguin et le Pont-de-Pierre, se jettent dans les quartiers marchands de Saint-Nizier, de la rue Mercière, et de la Boucherie des Terreaux.

Le signal de la guerre civile est ainsi donné partout et à la fois. Ceux qui s'attendaient au combat, qui le voulaient, sans l'avoir provoqué peut-être, se montrent aussitôt.

Leur petit nombre frappe tout le monde; ils manquent d'armes, et les barricades qu'ils forment, à la hâte, sont à peine en construction, que déjà les têtes de colonne se présentent pour enlever les premières.

Nous croyons utile d'entrer ici dans quelques développemens sur le commencement des hostilités. Cela est important dans l'intérêt de la vérité.

Les communications furent interceptées, à l'instant même, par l'occupation imposante de l'Hôtel-de-Ville, au centre des quartiers marchands, par les troupes établies sur les quais, et par la séparation de la ville en trois parties, au moyen de l'occupation des ponts. Si l'on n'eût pas hésité, dans ce premier moment, à occuper tous les points qui plus tard ont servi de places d'armes aux insurgés, peut être avec une moindre perte de sang et sans causer certainement d'aussi effrayans dégâts avec l'artillerie, eût-on pu comprimer une révolte à laquelle toutes les masses populaires n'avaient pas été appelées à prendre part. Mais sur la foi de la rumeur publique, croyant que tous les ennemis dn gouvernement avaient pris les armes, on ne s'exposa pas d'abord à pénétrer partout. Agissant dans Lyon comme dans une ville ennemie, on ne voulut marcher que sûrement et pas à pas, en s'assurant continuellement des points occupés en arrière. Cette marche militaire et sûre était la plus longue. Les ouvriers engagés dans la lutte en profitèrent et, devant une population neutre, suppléèrent à leur petit nombre par leur incroyable activité.

Le Réparateur écrit pendant le cours de ces déplorables journées, doit nous servir beaucoup pour juger de la situation de la ville. Cerné lui-même dans le quartier de l'insurrection, le rédacteur de ce journal ne peut nous fournir aucun renseignement sur les opérations militaires dans leur ensemble, mais il peut nous dire ce qui se passait autour de lui.

« *Il fait un temps superbe ; tout le monde est* « *aux fenêtres ;* » écrivait-il, pendant que la fusillade se faisait entendre à l'entour.

Lyon offrait donc le spectacle d'une armée aux prises avec les insurgés et d'une population spectatrice inoffensive du combat.

VI.

Le combat s'engage partout. — La place de la Préfecture est enlevée par les troupes. — Faible défense et importance de ce point. — La Guillotière se barricade. — Les hauteurs sont occupées par les insurgés. — Prise du télégraphe. — Interruption des communications. — La Croix-Rousse. — Fin de la première journée. — Silence de l'autorité municipale.

La fusillade s'engagea promptement sur plusieurs points, dans le quartier St-Jean, près de la cathédrale, entre les ouvriers et les soldats. Ceux-ci occupèrent l'église elle-même et ses tours, d'où ils pouvaient faire taire le feu partant des toits environnans. Pendant ce temps, une partie des fuyards traversa le pont Séguin, gardé par la troupe. Ces malheureux allaient recevoir une décharge, quand un officier s'élança l'épée à la main, criant au petit détachement qui voulait faire feu : *Arrêtez, ne tirez pas sur des gens sans armes qui se sauvent.* Cette apostrophe généreuse fut entendue des soldats. Les fuyards purent regagner leurs domiciles en passant par la rue de la préfecture. Malheureusement le petit poste placé sur le quai de la Saône, et qui avait reçu vraisemblablement ses instructions d'avance, faisant sa retraite au pas de course, pour rejoindre un gros de soldats placé près de là, fut insulté par d'autres fuyards. Un soldat fait feu sur ceux qui se sauvent; un homme du peuple irrité veut désarmer un autre militaire, il ne peut y réussir, et tombe percé d'une balle tirée à bout portant. Son corps fut aussitôt enlevé par quatre hommes, et porté sur la place de la Préfecture. Son sang crie vengeance! Le sang français va donc commencer à couler dans ce quartier.

Environ deux cents hommes, dont la moitié étaient plutôt des enfans, n'avaient pu suffire, depuis le cri *aux armes* poussé par les premiers fuyards, à barricader solidement la place de la Préfecture, quand deux colonnes se présentent pour occuper cette place; l'une à l'extrémité de la rue de même nom, et l'autre à celle de la rue St-Dominique. Le poste de la préfecture, isolé d'abord, et sommé de se rendre, avait répondu en fermant les grilles. Il fallait le contenir; les ouvriers, en trop petit nombre, n'avaient pu s'en rendre maîtres. On assure cependant qu'ils allaient en escalader l'enceinte, quand ils furent attaqués dans cette position si importante et dont l'occupation aurait pu être pour eux d'un si grand effet politique et militaire. Cinq hommes armés de fusils, dont pas un à baïonnette, placés derrière la barricade de la rue de la Préfecture, attendent de pied ferme un demi bataillon qui s'avance. Deux ou trois hommes placés sur les toits des maisons du coin de la rue, vont avec eux essayer d'arrêter la troupe, pour donner le temps à leurs camarades, qui évacuent la place attaquée en même-temps par la rue St-Dominique, de se retrancher dans la rue Raisin, et de se sauver par le passage de l'Argue de la rue Mercière.

Les grenadiers sont en tête de la colonne, Le chef de bataillon fait battre la charge; *En avant grenadiers* est répété par les officiers de la compagnie, ils arrivent devant les planches, une décharge les arrête; un grenadier tombe raide, plusieurs sont blessés. La fusillade remplace la charge et avant de franchir cet obstacle, la troupe étonnée d'une résistance qu'elle ne connaît pas, va se reformer au milieu de la rue, en tiraillant pandant une ou deux minutes, à toutes les fenêtres des dernières maisons de la rue. La colonne s'élance de nouveau, et enlève un retranchement à peine élevé de trois ou quatre pieds au-dessus du sol. Les ouvriers évacuent aussitôt le théâtre provisoire en construction sur la place où ils n'ont pas eu le temps de se barricader ; la préfecture est dégagée, mais le temps s'est écoulé, et les rues voisines sont déjà rendues impraticables.

Alors on fit venir du canon. Deux pièces mitraillèrent la belle galerie de l'Argue ; des boulets renversèrent les barricades, au débouché de la rue Raisin sur la place. Celles de la rue Mercière, à peine élevées, furent abandonnées ; mais les ouvriers purent, pendant tout ce temps, se retrancher dans la rue de l'Hôpital et dans les petites rues adjacentes. Leur fusillade alors éloigna les soldats qui auraient voulu enlever ces positions ; le canon ne pouvait y pénétrer. la troupe s'établit donc dans le théâtre en construction, et la place de la Préfecture devint, avant que la première demi-heure du combat ne se fût écoulée, un point de la plus haute importance. De là, on paralysait la population des rues voisines, si elle avait voulu prendre part au combat, et on assurait les communications de l'administration centrale avec le quartier général établi à Bellecour. Peu après, quand on voulut en partir, pour pénétrer dans le dédale des rues Mercière, Raisin, de l'Hôpital et autres, la fusillade de quelques ouvriers suffisait pour empêcher l'exécution de ce plan. Pour en finir, le général vint en personne ordonner l'application de plusieurs pétards à une maison faisant face à la place, au fond de la rue Raisin, d'où l'on inquiétait vivement les soldats. Le feu prit à la maison, elle sauta; la maison voisine que les ouvriers occupèrent, eut le même sort. Malgré cette nouvelle espèce de guerre à la quelle les Lyonnais étaient loin de s'attendre, les deux partis n'en gardèrent pas moins dans ce quartier, leurs positions pendant trois jours, jusqu'à la prise de la place d'armes St-Bonaventure, dont la rue Raisin pouvait être considérée comme un extrême avant-poste de ce côté.

Nous ne pouvons quitter cette position sans remarquer que si une direction militaire raisonnable avait été donnée aux malheureux qui la défendaient; si une certaine quantité d'armes eût été mise à leur disposition, si surtout ils avaient été assez nombreux pour mieux organiser leur défense, au moyen de fortes barricades, l'occupation n'en aurait pas été si prompte, ni si facile. Les insurgés, maîtres du centre de l'administration, quelle différence dans les événemens des jours suivans!

Dans les quartiers occupés par les troupes, toute circulation fut aussitôt interdite. Les factionnaires reçurent la consigne de tirer sur tous ceux qui paraîtraient aux fenêtres et sur les toits. Cet ordre fut exécuté, et plus d'une victime paya de sa vie son imprudence et sa curiosité. Nous n'avons pas à mettre sous les yeux de nos lecteurs ces faits isolés de la lutte des six jours, ils sont nombreux; ceux que nous mentionnons prouvent suffisamment que l'on était décidé à tout sacrifier pour assurer la place au pouvoir du gouvernement, et pour empêcher toute communication entre les insurgés.

Les ouvriers qui avaient remonté la Saône, avaient trouvé partout des asiles et des amis prêts à protéger leur retraite. Les hommes exaltés prirent les armes, résolus à s'en servir pour arrêter les têtes de colonne envoyées à la poursuite des fuyards. Le feu de l'artillerie fut donc aussitôt dirigé contre toutes les maisons d'où partaient la défense; la place de l'Herberie, au bout du Pont-de-Pierre, fut cruellement maltraitée. Le faubourg de Vaise, plus éloigné du quartier-général, eut le temps de se barricader solidement avant qu'on essayât de l'occuper. C'est là que le lendemain une troupe de soldats envoyés aux compagnies de discipline donna quelque force à l'insurrection; c'est là, que profitant de la circonstance, ces soldats brisèrent leurs chaînes, désarmèrent leur escorte et firent cause commune avec le peuple. C'est là, que plus tard, ils payèrent cher trois jours d'une liberté si violemment reconquise. Faits prisonniers *comme pillards*, ils furent fusillés.

Dans le faubourg de la Guillotière, à une anxiété pénible qu'on remarquait pendant la matinée succéda une morne stupeur produite par le bruit lointain des premiers coups de feu qui se firent entendre dans l'intérieur de la ville de Lyon. Cependant les détonations bruyantes qui se succédaient n'excitaient aucun cri, aucun rassemblement, aucune fermentation dangereuse. Des groupes d'amis, de parens, de voisins se montrant devant leur porte, au milieu des rues, manifestaient tout bas leurs craintes. A la tête du pont, un poste d'environ 200 hommes, placé en observation, y stationna dans le plus grand calme. Sur le soir il fut renforcé par l'arrivée d'un bataillon du 21e venant de Grenoble qui prit différentes positions à l'entrée du faubourg.

Les hauteurs de Fourvières, de Saint-George, de Saint-Just se garnissaient de tirailleurs insurgés ; le télégraphe libre jusqu'à onze heures fut occupé par les ouvriers, et le directeur fait prisonnier. Les grandes communications de l'autorité avec Paris furent donc coupées dans la soirée du mercredi. Celles avec St-Étienne restaient seules libres, mais elles étaient continuellement menacées. A la Croix-Rousse, ou dans les environs, les ouvriers, en plus grand nombre qu'ailleurs, avaient promptement désarmé quelques postes de gendarmerie, de gardes de nuit, et de soldats isolés. Ils avaient élevé un système complet de barricades, et s'ils furent refoulés par le feu de l'artillerie de la caserne des Bernardines, à leur tour ils repoussèrent vigoureusement toutes les attaques ordonnées d'abord contre eux.

Tel était l'état des choses à la fin de la première journée. Le tocsin sonnait dans tous les quartiers au pouvoir de l'insurrection, et indiquait ainsi, aux différens postes éloignés, que les ouvriers étaient maîtres de la position d'où partait le bruit des cloches; le canon grondait sur le quai de Saône, sur celui du Rhône et dans la direction du fort Lamothe, sur les derrières du faubourg de la Guillotière.

La troupe était maîtresse des ponts, mais aucune position importante, occupée et défendue par le peuple, excepté la place de la Préfecture, n'avait encore été enlevée lorsque le soir arriva.

Chaque parti dut mettre à profit la nuit pour se préparer à la journée du lendemain. Que ne l'a-t-on utilisée pour essayer d'en appeler aux amis de la paix? Que n'a-t-on fait ce qui, plus tard, sauva la Croix-Rousse? L'armée, attaquant la révolte, ne pouvait, il est vrai, lui offrir une suspension d'armes. Elle était dirigée par un général du génie, certain du succès parce qu'il attaquait la ville de Lyon comme une ville ennemie, et que ses dispositions, pour être lentes, n'en étaient que plus terribles. Les insurgés, maîtres de plusieurs quartiers, fiers d'avoir, malgré leur petit nombre, tenu tête à toute cette formidable garnison, qui devait, disait-on, les foudroyer en un instant, espérant aussi des secours du dehors, ne pouvaient non plus songer à capituler. Mais la municipalité, mais les magistrats populaires, défenseurs nés de la ville, ne pouvaient-ils tenter un dernier effort? La nuit, pendant que le canon ne grondait plus, ne pouvaient-ils essayer de se faire entendre? Pas une proclamation ne fut répandue, pas une communication conciliante ne fut faite! La guerre devait continuer.

Pour appuyer notre opinion sur l'influence possible d'hommes recommandables dans ces momens périlleux, nous croyons devoir citer le fait suivant : Une vaste maison, située près de la hauteur des Chartreux, avait été signalée à l'autorité comme pouvant devenir un poste de la plus haute importance pour les insurgés. Plus de deux cents personnes y habitent. Deux coups de fusil, partis du coin de la rue, allaient être le signal de sa destruction. Les pièces de la batterie des Chartreux allaient rendre ennemie toute une population innocente. Le curé de Saint-Bruno les Chartreux, intercède pour ses paroissiens, il va répondre au commandant de l'artillerie de la tranquillité de son quartier. Le feu terrible qui avait commencé est arrêté, et le pasteur a sauvé une partie de son troupeau. *Honneur et gloire à jamais à celui qui nous a sauvés. Que Dieu lui soit en aide, et le conserve pour servir d'exemple aux hommes, et pour le bonheur de l'humanité*, ont écrit, dans une lettre rendue publique (1), les paroissiens reconnaissans. De quels noms eussent été salués les magistrats de la ville, si un pareil effortde leur part avait été suivi d'un pareil succès.

(1) Lettre signée par 83 habitans de cette maison dans le *Réparateur* de Lyon.

VII.

Nouvelles transmises par les autorités. — Dans quel but. — Renforts partant pour Lyon. — Les ouvriers se préparent à faire une vigoureuse résistance. — Discipline maintenue parmi eux.

Le pouvoir sachant bien que les chefs des sociétés populaires, dans toute la France, n'avaient point ordonné un mouvement dont l'unanimité l'aurait bien autrement inquiété que des hommes isolés, braves sans doute, mais agissant sans ensemble et sans plan, le pouvoir, disons-nous, comprit comment il pouvait empêcher le feu de se propager. Si la vérité était connue au dehors, si la résistance acharnée de la partie de la population engagée, si l'impossibilité où la garnison de Lyon allait être le lendemain de réduire seule des points fortifiés par le peuple ; si tous les détails enfin de ce qui se passait à Lyon étaient publiés, augmentés qu'ils seraient par la clameur publique; ces causes seules pouvaient déterminer ailleurs d'autres soulèvemens. Les secours demandés ne seraient point arrivés. Aucune correspondance particulière ne pouvant sortir de Lyon, les dépêches officielles furent composées en conséquence. Pour Paris, on essaya d'envoyer des nouvelles télégraphiques au poste du Limonet, le premier de la ligne sur Lyon; mais dans la préoccupation de la journée on avait oublié que le directeur était dans le quartier au pouvoir des insurgés, et qu'il était leur prisonnier.

Les dépêches durent donc être transmises par un préfet voisin, en attendant un directeur du télégraphe, demandé en toute hâte à la direction de Nismes; celui-ci n'arriva que le samedi soir et ne put entrer en fonction à Lyon même que le lundi. On n'hésita pas cependant à affirmer le 10 *que quelques-uns des perturbateurs ayant essayé d'interrompre la communication télegraphique en détruisant le poste de Lyon;* (il fut occupé et non détruit.) *la communication avait été bientôt rétablie et que c'est ainsi que les dépêches données la veille avaient pu parvenir à Paris.* Des estafettes partirent par des chemins de traverse, et le public sans s'inquiéter de la route qu'avaient suivie ces nouvelles, les reçut par l'intermédiaire de ces autorités. On soupçonnait bien la gravité des circonstances, mais on ne pouvait s'en faire une idée après de telles assurances : pour Marseille où l'on craignait un mouvement, le général Aymar se chargea de la correspondance. Il écrivit au général Danremont :

Au quartier général de Lyon.
Le 9 avril 1834, 4 heures après-midi.

« Monsieur le lieutenant-général:

« *Les hostilités ont commencé* à dix heures du « matin ; toutes les barricades qui avaient été éle- « vées sur les deux rives de chaque fleuve et dans « les rues intérieures, notamment sur la place de « la Préfecture, ont été enlevées avec une admi- « rable résolution ; il n'y a pas eu la moindre hé- « sitation.

« Actuellement, quatre heures après-midi, on « tire de loin en loin quelques coups de fusil. « L'insurrection est refoulée dans l'intérieur de « ville ; elle ne paraît pas avoir de centralisation. « Le quartier de la Croix-Rousse n'a pas bougé, « nous en sommes les maîtres.

« Je vous écrirai s'il y a lieu à vous faire part de « quelque événement.

« Recevez, etc.

Le lieutenant-général, commandant
la septième division militaire,
Signé, Aymar.

D'après tout ce que nous avons dit des combats du 9, cette dépêche aurait pu surprendre à Lyon. On y aurait été bien étonné d'apprendre que l'insurrection *était refoulée partout*, quand, au contraire, elle était plus forte et plus terrible le 9 à 4 heures et demie. Mais au dehors il fallait des bulletins de victoire, pour encourager la troupe partout où l'on pouvait craindre qu'elle n'eût à combattre avec le peuple. Le général Aymar, ancien officier de l'Empire le comprit ainsi. Dans le Midi, le général Danremont put donc faire afficher la lettre de son collègue de Lyon, en réponse aux interprétations données par la presse républicaine au manque absolu de nouvelles particulières. *Le Peuple souverain* (1) avait dit : « Que « nos citoyens se rassurent sur les conséquences « que pourraient avoir à Marseille les événemens « de Lyon. Des patriotes, éprouvés et purs, « veillent sur les intérêts de la propriété et du

(1) Journal républicain de Marseille.

« commerce, comme sur ceux de la liberté. Tout « leur fait espérer que le changement politique « qui semble se préparer, n'entraînera aucune « collision sanglante, aucune injure aux person- « nes, même les plus compromises.

« S'il arrivait malheur, ce serait la faute du « pouvoir et non la nôtre; car nous le jurons par « l'étoile de juillet, la république à laquelle nous « avons voué nos cœurs et notre vie, sera aussi « grande, aussi magnanime, aussi instructive pour « les peuples, que la révolution de 1830.

A Marseille, les partisans de la cause lyonnaise pouvaient donc vouloir secourir leurs amis. En affichant par anticipation une victoire probable sur la république, on empêchait sans doute des combats incertains.

Nous sommes loin, nous, amis de la paix et de l'ordre, de contester l'utilité pour un gouvernement, de semblables moyens. Seulement, nous devons indiquer les faits, et dire comment on a pu dompter une insurrection partielle, dont l'issue eût été douteuse, si les renforts demandés partout eussent été arrêtés par des émeutes correspondantes sur les points qu'il fallait dégarnir de troupes pour les envoyer contre les Lyonnais.

Le préfet avait écrit, à Paris, que *force était restée à la loi*, et l'on annonçait que *le mercredi à cinq heures l'action était finie et que les troupes étaient au repos*. Singulier repos!

« Aujourd'hui, ajoutait-on le lendemain, le « le temps n'a été qu'accidentellement favorable; « une seule dépêche est arrivée, elle annonce « que le général Aymar, à la tête des troupes, « était maître de Lyon et de toutes les positions. « Les insurgés s'étaient réfugiés dans les petites « rues du centre de la ville!! »

(Bulletins ministériels.)

Grâce à ces nouvelles anticipées d'une victoire complète et de la soumission des ouvriers, les ministres purent dissimuler leurs vives inquiétudes et pourvoir à la sûreté de l'état. Les partisans des Lyonnais ne purent rien faire en leur faveur. Leur prise d'armes mal concertée, faite contre l'avis de leurs chefs les plus habiles n'offrait plus de chances de succès à leurs imitateurs, d'après la confiance affichée des autorités locales.

La télégraphie a donc cette fois encore sauvé un gouvernement. Mais comme elle n'a jamais été convaincue de plus de mensonges, ne peut-on pas en conclure que son crédit dans l'avenir est perdu? Un député exprimait fort bien cette pensée en disant : *Je croirai tout, excepté la télégraphie*

Cependant les renforts se mettaient en route de toutes parts ; la fermentation qui se manifestait à Grenoble, mais ne pouvait y faire explosion, faute de nouvelles positives, n'empêcha pas les bataillons du 15e de ligne et du 23e de se mettre en route, à marches forcées, et d'arriver à Lyon avant la fin des combats, le 21e léger était parti d'Avignon. L'immense majorité royaliste de ce pays ne pouvait donner de craintes au pouvoir; il savait parfaitement qu'à Lyon il n'avait à craindre d'attaques que de l'avant-garde exaltée de la république.

Les bataillons du 15e léger en garnison dans le bassin de la Saône, étaient en marche pour arriver. Deux bataillons partaient de Montélimart; ces troupes allaient fournir une division active assez nombreuse pour enlever de vive force toutes les positions que l'on canonnait en les attendant

Pendant cette première nuit, le Général occupé de transmettre ses ordres sur tous les points, ne négligea rien pour fournir aux besoins des soldats. Des discours d'encouragement, dans les bivouacs, les disposaient à supporter toutes les chances de cette guerre de rues. L'isolement complet de la population qu'on leur représentait tout entière comme hostile et voulant les massacrer du haut des toits, continuait à être maintenu. L'armée campait donc dans la cité. Les citoyens ne se présentaient à elle que comme des ennemis. Peut être doit-on attribuer à cette persuasion du soldat tant de scènes de sanglantes représailles, scènes d'horreur que d'autres raconteront sans doute un jour et dont nous n'indiquerons qu'à peine les théâtres particuliers.

Cependant les ouvriers, retranchés dans les différentes positions qu'ils occupaient, songeaient aussi aux meilleurs moyens de défense. Dépourvus d'armes de guerre, ils commencèrent à faire des visites dans les maisons, demandant qu'on leur remit toutes celles qu'on pourrait avoir. Leurs recherches produisirent peu de résultats; ils demandaient et n'exigeaient pas; chacun conserva donc facilement jusqu'au bout sa neutralité. Quelques-uns prévoyant le manque de poudre s'occupèrent à en fabriquer; d'autres fondaient le plomb de leurs métiers pour en faire des balles. Persuadés que la canonnade qui n'avait pu les forcer dans toute la journée, avait retenti au loin, ils se croyaient surtout assurés de l'appui de leurs frères de Saint-Étienne. Les combattans exaltés disaient : le peuple est unanime contre le gouvernement, le peuple saisira cette occasion de le combattre. Malheureux! ils ignoraient que même parmi les partisans de l'insurrection populaire, beaucoup sont d'avis que le peuple ne doit se lever que *quand les chefs se croyent sûrs de vaincre*. Ils n'avaient pas lu les phrases suivantes tirées d'un journal républicain, (1) dont les théories pacifiques ne pouvaient être comprises par eux après le succès de 1830.

«Les hommes impatiens qui se jettent en avant, «en compromettant la liberté et leur propre «sort, se verront toujours, malgré des intentions «généreuses, abandonnés par l'immense majo-«rité, qui veut savoir où elle va et pourquoi elle «délaisse ce qui est établi ; enfin, ce qu'elle doit «gagner au changement.» Ils sentaient et ne raisonnaient pas! Cependant, forts de leur courage et de leurs espérances, ils se nommèrent des chefs particuliers dans chaque position.

La discipline la plus sévère fut ordonnée, le respect le plus absolu de la propriété fut observé, et, mettant en pratique les phrases du journal républicain de Marseille que nous citions plus haut, ils se concilièrent ainsi, sinon le concours et la sympathie, du moins la neutralité des quartiers qu'ils occupaient. Nous en citerons quelques exemples :

A Fourvière, les ouvriers entrèrent chez une maîtresse de pension pour s'établir dans son jardin, cette dame eut peur et voulut se sauver, ils

(1) *Le Précurseur*.

la prièrent avant son départ de leur donner une *robe noire* pour faire un drapeau et le placer sur le clocher, afin de mettre cette antique chapelle à l'abri des coups de l'artillerie. En revenant le mardi chez elle, cette même dame n'eut à se plaindre d'aucune dévastation, ni d'aucun vol.

Ceux qui s'emparèrent de la caserne des Minimes à Saint-Just, traitèrent les militaires restés prisonniers avec la plus grande douceur, et cherchant des armes, ils trouvèrent une malle pleine d'objets de valeur appartenant à un officier; ils la confièrent à la garde de trois d'entre eux, en prévenant que s'il y manquait quelque chose, le coupable serait fusillé; la malle a été rendue intacte.

Personne, que nous sachions, n'a eu à se plaindre de vols ou d'excès. La circulation dans ces mêmes quartiers occupés par les ouvriers, y était presque toujours libre pour les habitans; les portes des allées étaient ouvertes nuit et jour.

Les femmes et les ministres du culte étaient respectés; l'ordre régnait dans le désordre! Singulier état de choses dont nous ne saurions donner un aperçu plus fidèle que les lignes suivantes écrites sur les lieux pendant le combat, et tirées des supplémens du Réparateur.

« Au surplus quelque chose d'inexplicable pour « qui s'arrête aux apparences, se passe sous nos

« yeux. C'est l'incròyable tranquillité d'une grande « partie de la population au milieu de ce désor- « dre. Partout où n'arrivent pas des coups de « fusil, des groupes se forment sur le pas des « portes , à l'entrée des boutiques, toutes fer- « mées sans exception. On y cause , on s'y en- « tretient paisiblement des bruits qu'on a pu « recueillir. Des individus armés, au nombre de « deux ou trois, quelquefois seuls sortent de cer- « tains passages pour aller demander des cartou- « ches ou des renseignemens. Personne ne pa- « raît disposé à les inquiéter. Des soldats désarmés « portant un de leurs blessés à l'hôpital , passent « à côté des tirailleurs du parti ennemi, sans « empêchement, si ce n'est sans inquiétude Ja- « mais guerre civile n'eut un caractère plus sin- « gulier; il semble qu'il s'agisse en ce moment de « toute autre chose que de l'avenir de la France. « Cette impassibilité est un fait bien significatif, « mais ce n'est pas le moment d'en rechercher « les causes, encore moins de les développer. » Les bureaux de ce journal, légitimiste prononcé, sont placés au centre du quartier de St-Nizier et de St-Bonaventure. Des ouvriers en cherchant des armes y pénétrèrent ; le rédacteur ayant répondu qu'il n'en avait pas, ne fut nullement inquiété, la propriété devait être violée plus tard, mais par d'autres...

VIII.

Matinée du 10. — Les ouvriers dans les campagnes. — Le drapeau noir à l'Antiquaille. — Défense de la rive droite de la Saône. — Modération des ouvriers manquant de pain. — Attaque de la Guillotière par l'artillerie. — Incendies, dévastations. — Résultat de ce combat. — Proclamation de la préfecture. — Prise du fort de St-Irenée par le peuple et de trois pièces de canon. — L'insurrection plus violente. — Quartier des Cordeliers. — Discipline des ouvriers. — Leur petit nombre. — Ils fabriquent de la poudre. — Leur désintéressement. — Perquisitions dans les maisons. — Générosité d'un soldat.

Le jeudi, au point du jour, le feu qui avait cessé pendant la nuit sur tous les points, recommença avec violence. Le côteau de Fourvières fut garni de tirailleurs par les ouvriers. De la rive droite de la Saône, et de toute la colline jusqu'au confluent du Rhône, partirent de temps en temps des coups de fusils contre les troupes qui occupaient la presqu'île de Perrache. Par la faiblesse de la fusillade, il était facile de voir que les armes manquaient aux insurgés. Pendant cette journée, plusieurs d'entre eux se répandirent dans les campagnes environnantes. Ils demandèrent les fusils et les munitions des gardes nationales ; quelques communes remirent les leurs, quelques autres s'y refusèrent. Plus tard, le licenciement ordonné par le gouvernement, et les éloges donnés par le préfet du département, punirent et récompensèrent la conduite de chacun, en la faisant connaître au reste de la France. (1)

L'artillerie augmentée d'un détachement arrivé de Valence, put servir un plus grand nombre de batteries. Au bout du pont de Tilsitt, au bout du pont Séguin, dans la rue de l'Arsenal et sur la place Bellecour, des pièces de différens calibres dirigèrent leur feu contre les coteaux de Fourvières, de St Just, et de St Georges. L'hôpital des fous, nommé l'Antiquaille, ne fut point épargné; trois ou quatre tirailleurs placés dans un jardin au dessous, lui attirèrent autant de

(1) Les gardes nationales de plus de vingt communes ont été licenciées, celle de St-Etienne est de ce nombre. On a même licencié celle de Lyon qui n'existait pas!

boulets qu'ils tiraient de coups de fusil. Le lendemain on y arbora un drapeau noir, signal de protection pour ce *lieu sacré*, et non pas d'une guerre à mort déclarée aux soldats par les ouvriers, comme on se plut à le répandre. Toute les barricades ayant été renforcées par le peuple, quelques unes étaient devenues de véritables remparts; les troupes concentrées dans les points qu'elles occupaient la veille, ne s'aventuraient point dans ces défilés montueux d'où quelques hommes seulement les tenaient en échec. On croyait que chaque maison renfermait de nombreux combattans. L'occupation de ce côté de la ville était importante pour les ouvriers; ils le comprirent en le défendant jusqu'au dernier jour. Si St-Etienne s'était soulevé en leur faveur, et que le pont de la Mulatière, battu par le canon de l'armée, eût arrêté le passage de leurs auxiliaires, ceux-ci pouvaient se jeter dans ce quartier : de là pouvaient partir quelques vigoureuses attaques. Le Général fit donc continuellement répondre à leur feu par un feu supérieur, pour empêcher une invasion sur la presqu'île de Perrache. Le pont de Chazournes fut brûlé par un bateau de foin embrâsé, descendu du haut de la Saône.

Cependant isolés eux-mêmes et manquant déjà de munitions et de vivres, les ouvriers se mirent à faire des quêtes. Un habitant de Lyon revenant de la campagne, s'était jeté de ce côté, sachant que la troupe ne laissait pas circuler ailleurs, il fut arrêté à une première barricade. « *Du pain pour les ouvriers*, » lui disent plusieurs hommes, dont trois ou quatre armés de fusils. Cette personne n'ayant point de pain à leur donner, croit qu'un franc le remplacera, son argent accepté, il passe. Plus loin il est arrêté de nouveau; même demande : *J'ai déjà donné tout à l'heure*, répondit le voyageur peu intimidé, à la manière presque polie dont il était interpellé, « *C'est différent.* » Et il fut libre de continuer son chemin.

Nulle part, on ne pouvait sous aucun prétexte sortir de chez soi, même pour se procurer des vivres; l'ordre public le voulait ainsi. Dans le faubourg de la Guillotière, vers les sept heures du matin, quelques barricades avaient été faites par un petit nombre d'hommes, et des coups de feu avaient été tirés des maisons de la grande rue sur la troupe qui s'avançait pour détruire ces barricades. Bientôt une lutte terrible s'engagea, et plusieurs bombes ou boulets lancés par l'artillerie sur les maisons d'où les coups de fusils étaient partis allumèrent le feu en divers endroits. Un vent du nord très violent poussait les flammes avec impétuosité: les malheureux locataires des maisons où le feu se communiquait, dans la dure alternative de périr dans les flammes ou par le fer des soldats qui repoussaient à coups de fusils tous ceux qui osaient se montrer, se sauvaient par les toits en cherchant à gagner les bâtimens les plus éloignés du théâtre de l'incendie. Aucun effort n'étant fait pour en arrêter les progrès, il gagnait de maison en maison, et c'est ainsi que successivement il atteignit la maison Charbonnier, l'auberge de la Couronne, les maisons Nand et Blanc, et y causa des dégâts affreux. Tout ce groupe de maisons, dont plusieurs d'une très-grande valeur, s'anéantit ainsi ravagé et brulé à la vue de la population consternée.

La partie la plus éloignée de ce faubourg était tenue en respect par le fort Lamothe et ne paraissait prendre aucune part à l'insurrection ; quelques ouvriers seulement occupaient le clocher de la paroisse et tiraillaient en sonnant le tocsin. Pour se mettre en communication avec le Dauphiné, et recevoir les nombreux renforts échelonnés dans cette direction, le commandant militaire concentra d'abord ses efforts sur la Guillotière, sans doute aussi dans le but d'empêcher le soulèvement de cette province, si on y eût cru les Lyonnais vainqueurs. Une première attaque avait été repoussée ; des batteries composées de pièces de gros calibre et d'obusiers furent établies pour prendre à revers et d'enfilade les maisons auxquelles s'appuyaient les principales barricades de la grande rue : ainsi pendant que l'incendie dévorait les maisons, un feu terrible d'artillerie les écrasait. Pendant plusieurs heures, la fusillade des soldats placés sur les maisons de la rive droite du Rhône et jusques sur le toit de l'hôpital, ripostait aux coups de fusils des ouvriers logés aussi sur les toits.

Après six heures d'un semblable combat, on alla, malgré le danger de la circulation, conjurer les insurgés de ne pas entraîner par leur résistance, la destruction de toute la ville. Français et habitans de la Guillotière, ils surent se rendre au vœu de leurs compatriotes. Ils commencèrent à abandonner la dernière maison où ils s'étaient établis à mesure que la précédente avait été la proie des flammes. Environ quarante des leurs se frayèrent un passage à travers huit murailles qu'ils percèrent, pour éviter de passer par la rue sillonnée de balles et de boulets, et ils s'échappèrent dans la campagne, renonçant à la défense, et presque sûrs de trouver ailleurs la mort.

Les troupes, formées en colonne, avaient reçu le signal de l'attaque, on battit la charge, et quelques insurgés isolés, ne pouvant se résoudre à suivre leurs compagnons, périrent victimes de leur détermination.

La tête du pont de la Guillotière fut ainsi occupée le 10 dans l'après-midi, après un feu terrible d'artillerie. Après une lutte terrible, telle que le soldat ne pouvait penser rencontrer une pareille résistance qu'en pays ennemi, le vainqueur exaspéré, oublia souvent que ses ennemis cette fois étaient des Français. De grands malheurs à déplorer, de grandes pertes à réparer, des maisons entièrement anéanties, un plus grand nombre d'autres criblées de balles et de boulets, ou ébranlées jusque dans leurs fondemens, une population effrayée, fuyant à travers la campagne, emmenant son mobilier pour éviter une épouvantable dévastation, tels fureut les résultats effrayans d'un combat, où à peine cent cinquante hommes furent engagés, et où même à peine un quart des combattans étaient armés.

Quelques-uns s'étaient présentés dans les communes voisines de Vénissieux et de Mézieux, pour les désarmer; ils y furent facilement repoussés; leur nombre ne pouvait imposer à personne.

En compensation de tant de désastres, les communications avec Grenoble étaient rétablies, une retraite en cas de besoin était assurée, on pouvait gagner des positions *inexpugnables;* de ce côté les renforts pouvaient arriver, et ils étaient *indispensables*. Ailleurs les choses n'avaient pas encore pris pour l'armée une aussi bonne tournure, quand on fit circuler dans la ville occupée par la troupe la pièce suivante :

« Habitans de Lyon !

« Nos efforts pour éviter une collision ont été « vains; le siége de la justice a été attaqué par des « factieux, et nous nous sommes vus réduits à la « nécessité de le faire respecter par les armes.

« Partout où nos troupes se sont montrées « avec une valeur et un dévouement admirables, « partout les insurgés ont pris la fuite et n'ont su « s'opposer à leur élan qu'en se cachant dans des « maisons, d'où ils ont été débusqués toutes les « fois qu'on a *jugé convenable* de l'entreprendre.

« Resserrée dans un espace étroit, la révolte « espère en vain se maintenir, coupée sur tous « les points de ses communications, espérant en « vain des renforts des villes voisines, dont la « tranquillité n'a pu être altérée, elle sera bientôt réduite à céder.

« Ayez confiance dans vos magistrats, dont la « sollicitude ne tend qu'à vous adoucir des mal« heurs qu'elle n'a pu vous éviter ; ayez confiance « dans les talens, dans le zèle des généraux et « dans la contenance et le courage de nos bra-

« ves soldats, et votre ville sera bientôt délivrée
« des maux passagers qu'elle éprouve.

Lyon 10 avril 1834.

Le conseiller d'Etat, préfet du Rhône :

GASPARIN.

Pour la première fois, depuis le commencement de la bataille, l'autorité se faisait entendre. Elle était loin alors d'être tranquille. On s'en apercevait au style embarrassé de ce premier bulletin officiel ; les contradictions y sont trop frappantes pour que nous croyions devoir les faire ressortir, Et en effet, la révolte était si peu refoulée dans un petit nombre de points, qu'alors même qu'on rédigeait ce bulletin, les ouvriers de la ville avoisinant la Croix-Rousse, poussant en avant leurs lignes, s'étaient emparés de la caserne de Bon-Pasteur. (1) La Croix-Rousse par des sorties heureuses, avait vu s'augmenter le nombre de ses armes, et l'on y avait organisé complètement le système de défense. Il eût été terrible, si combiné avec le reste de la ville, il fût devenu offensif. Le colonel Mounier du 28me venait d'être tué à la tête de ses soldats, en vou-

(1) Voir parmi les pièces à l'appui le bulletin d'une barricade formée de ce côté.

lant enlever une barricade près du jardin des Plantes, et plusieurs attaques avaient été complétement repoussées sur cette partie élevée de la ville, avant qu'on fût parvenu à s'emparer de positions où la défense était même peu nombreuse.

Le faubourg de Vaise battu par le canon ne se rendait pas, et le fort et la caserne Saint-Irénée au-dessus de Saint-Just étaient tombés au pouvoir de l'insurrection. Les ouvriers y trouvèrent trois pièces sans munition et abandonnées : on répandit le bruit qu'elles avaient été prises chez un fondeur; l'autorité semblait y donner croyance et pour cause sans doute. D'autres, au contraire, disaient que les pièces avaient été abandonnées et enclouées par ordre.

Le lecteur en examinant attentivement la lettre suivante, pourra juger si le fort fut pris ou abandonné. Elle est écrite par un officier supérieur, qui repousse comme une injure l'idée que l'artillerie ait pu *coopérer à la résolution d'abandonner le poste de Saint-Just.*

A M. le Rédacteur du *Courrier de Lyon.*

Lyon, le 16 Avril 1834.

Monsieur,

« Dans votre historique des événemens de

« Lyon, vous avez avancé que trois canons avaient « été encloués à Saint-Just et abandonnés à l'en- « nemi, qui ensuite les transporta sur la terrasse « de Fourvières. Cette assertion, vraie ou fausse, « laisse à penser que l'artillerie aurait eu sa coo- « pération dans la résolution d'abandonner le « poste de Saint Just et surtout qu'elle aurait « négligé les moyens de mettre ces pièces hors de « service.

« L'artillerie n'a pas été consultée et n'aurait ja- « mais consenti à abandonner quoique ce soit de « son matériel à une fraction quelconque de la re- « bellion de Lyon. Une poignée de bandits n'au- « rait jamais imposé à l'artillerie l'humiliation « d'enclouer ses pièces, et je le répète, si les « circonstances eussent été assez impérieuses pour « commander ce sacrifice, l'arme aurait accom- « pli ce devoir, comme elle s'est acquittée de « tous les autres.

« Engagez donc, Monsieur, ceux qui vous ont « donné ces renseignemens à préciser leurs insi- « nuations jésuitiques, car au besoin l'artillerie « saurait parler, sa mission est de bien servir et « *non de plaire.* »

Le lieutenant-colonel du 13e régiment,

N. Raoul.

Il est curieux de voir le journal de l'autorité taxé d'insérer de jésuitiques insinuations dans un historique publié de l'aveu même de l'autorité.

C'est aux lecteurs d'en tirer les conséquences qu'il leur plaira ; seulement avouons que l'insurrection était loin d'être refoulée, et que la première journée avait été loin aussi de consolider à Lyon le gouvernement (1) ; à l'exception de l'entrée de la Guillotière, forcée au prix de dégats effroyables, la position militaire du général ne fut point améliorée. Durant toute cette seconde journée, la guerre des toits avait duré avec acharnement autour de l'Hôtel-de-Ville, entre les soldats placés sur le Belvédère du musée et les ouvriers placés sur les maisons. Beaucoup d'accidens s'en suivirent par la direction naturellement incertaine de ces feux plongeans. Plusieurs curieux furent tués, entre autres, une vieille femme, demeurant rue de l'Arbre-Sec n. 10, qui fut atteinte d'une balle à la poitrine en allant chercher de l'eau à sa cuisine ; une autre femme enceinte tuée à sa croisée, et un vieillard, père de cinq enfans, atteint au moment où il traversait rapidement la rue pour aller chercher des provisions dans un cabaret voisin. Toutes les

(1) Dépêche de M. le préfet du Rhône du 9 avril à un de ses collègues.

hauteurs continuèrent le feu avec acharnement.

Dans le quartier de Saint-Nizier et des Cordeliers, le peuple était loin aussi d'être vaincu; une autorité active et habile s'y faisait reconnaître. On attribue généralement la défense de ce point à un jeune homme nommé Lagrange (1). Avait-il de propos délibéré choisi ce commandement? On ne conçoit pas alors comment la place de la préfecture qui en dépendait naturellement fut si mal défendue; avait il cédé à l'exaltation d'une opinion énergique, sentiment facile à expliquer dans une âme ardente?

Nous ne saurions le dire; mais son action, forte et généreuse ne peut être méconnue. Un feu très-nourri fut dirigé contre la tête du pont du Concert, dont la troupe était en possession. Avant la prise de la Guillotière, les insurgés voulaient se mettre en communication avec cette ville. A peine la troupe fut-elle délogée des deux pavillons en pierre de taille, ornant l'extrémité du pont, que quatre pièces de gros calibre, placées, l'une au bas du pont Morand, l'autre, sur ce pont même, et deux autres sur le pont du Concert, criblèrent et mirent en ruines ces deux constructions devenues d'inutiles décombres

(1) Voir parmi les pièces à l'appui, la relation de la prise de St-Bonaventure et des Cordeliers.

pour les insurgés. Ceux-ci cependant étendaient à chaque instant l'enceinte dans laquelle ils étaient renfermés. Les soldats pour les arrêter, opposent, sur plusieurs points, barricades aux barricades. Dans cette partie de la ville, devenue comme une espèce de place de guerre, l'ordre paraît s'établir de plus en plus dans les attaques des habitans; ils reçoivent des consignes, s'y conforment scrupuleusement, et l'on doit remarquer que la chaleur du combat ne les a pas entraînés jusqu'à tirer sur des hommes désarmés, ni sur des femmes. Quelques prisonniers faits pendant le combat ne sont point passés par les armes. « Un homme est arrêté sur la place des « Cordeliers », nous dit encore le *Réparateur*, voisin du lieu de la scène, « ce n'est pas un agent « de police en pied, assure-t-on, mais il est ce- « pendant encore de ceux qui rendent à la po- « lice des services de bas aloi. Ses papiers sont « saisis, on les lit. Les insurgés exposés aux « balles et à la mitraille, l'entourent; ils écou- « tent. On peut juger quelle fermentation excite « cette lecture. Il n'y allait rien moins pour le « porteur, que de la vie. Cependant une opi- « nion plus modérée, exprimée avec énergie par » une personne qui n'a pas paru sans influence, « l'emporte. »

Si plus tard ces malheureux égarés, sur les

bancs des accusés, rencontrent devant eux ce temoin de leur crime contre la politique, puissent-ils trouver en lui un témoin de leur généreuse humanité !

L'église de St Bonaventure, à cause de sa position dans un renfoncement de la place, fut choisie pour ambulance par le chef du quartier. Les morts y furent déposés dans une petite cour séparée, et les prêtres desservant la paroisse cédant à la voix de la charité, (1) vinrent avec quelques médecins, soigner les blessés ou les consoler au besoin. Comme tout semblait devoir tomber en ruines à l'entour, la fabrication de la poudre fut aussi transportée dans l'église. Le temple du repos et des consolations devint ainsi un véritable quartier général pour le centre de l'insurrection. De là, en entendant les effrayantes détonations causées par les pétards et autres machines à explosion, les ouvriers jugeaient par les efforts faits pour attaquer leurs amis, quelle devait être aussi la force de la résistance. L'arrivée des secours du dehors leur paraissait encore possible; leur énergie augmentait donc à chaque instant et la faiblesse de leur

(1) D'autres ecclésiastiques, d'autres honorables citoyens renplissaient les mêmes devoirs à l'ambulance de l'Hôtel-de-Ville.

nombre ne les inquiétait nullement. On peut en juger par l'extrait suivant emprunté au *Réparateur*.

« Quelques hommes, cinq ou six par exemple,
« défendaient les deux passages qui communi-
« quent de la place de la Fromagerie à la rue de
« la Poulaillerie. Ces deux points d'une grande
« importance, ont été l'objet d'attaques cons-
« tantes pendant quatre jours. Eh! bien, dans
« les momens les plus critiques, lorsqu'à chaque
« instant on devait s'attendre à voir ces passages
« forcés, et que le besoin impérieux de secours
« se faisait sentir, il arrivait tambour battant du
« quartier général, place des Cordeliers, douze
« à quinze hommes au plus, qui se divisaient en
« trois bandes, deux pour chacun des passages,
« et la troisième pour la barricade de St Nizier.
« Il n'en fallait pas davantage pour rétablir les
« affaires; au bout d'une demie heure le renfort
« pouvait se porter ailleurs. » La position ne changea pas sur ces points pendant toute la journée du jeudi et celle du vendredi.

Le clocher de l'église Saint-Nizier était tombé au pouvoir du peuple, et le bruit du tocsin répondait à celui de Fourvières et des hauteurs voisines; tout contribuait autour d'eux à entretenir leur exaltation. Le feu prit dans plusieurs endroits de ce quartier; plusieurs maisons furent ébranlées par l'explosion des sacs de poudre, dont le Génie faisait un si terrible usage. Dans la rue Gentil, le feu allumé à plusieurs reprises par les obus, menaça plus d'une fois de devenir un vaste incendie ; le vent du nord soufflait avec violence, et des habitans courageux qui travaillaient à se rendre maîtres des flammes, se trouvaient exposés au feu des troupes qui ne cessaient de tirer contre eux : plusieurs même furent blessés. Le collége royal ne dut son salut qu'à l'ardeur et à l'intrépidité des élèves. Exposés, eux aussi, aux balles et à la canonade, ils ne cessèrent de travailler que lorsque leur établissement fut à l'abri du feu. Visité, comme mille autres endroits, par les insurgés, ils n'y trouvèrent aucune arme, et se contentèrent des réponses du proviseur. Ces hommes près de manquer de tout, combattaient avec une énergie digne d'une meilleure cause. Fanatisés sans doute, par cette idée que la *république* devait être pure des excès du *despotisme*, tout en se servant du mot *citoyen* si propre à réveiller dans Lyon les funestes souvenirs de 93, ils donnaient l'exemple d'un admirable respect aux personnes et aux propriétés. Ils semblaient vouloir se racheter aux yeux de la population neutre qui les entourait, de la faute d'attirer tant de désastres sur un quartier si commerçant de la cité.

Entrés dans le quartier de Saint-Nizier chez

M. L...., quelques hommes du peuple occupés à requérir des armes, s'aperçoivent que Mme. L... effrayée glissait un paquet dans son tablier; ils saisissent cette dame. Le chef lui demande ce qu'elle veut dérober à leurs recherches; pour s'assurer lui-même si ce n'est point une arme, il insiste, alors Madame L.... avoue que c'était un sac contenant cent louis. « *Rassurez-vous,* » lui dit-il, « *nous cherchons des armes et non de l'argent.* »

Ailleurs trois ouvriers défendaient une barricade près de la rue de la Poulaillerie. Un homme honorable, inquiet des résultats de ce combat inégal, s'approche et leur demande des nouvelles. Ces malheureux excédés de fatigue lui demandent du vin. Garçon et sans ménage, ne pouvant les satisfaire, craignant peut-être quelque sommation plus péremptoire, il leur offre une pièce de cinq francs. «*Merci Monsieur,*» répondirent-ils, «*on dirait bien que nons nous battons pour piller!*»

Si plus tard ces quartiers, comme beaucoup d'autres, ont trouvé en d'autres combattans moins de modération, nous devons détourner les yeux avec douleur; nous n'avons voulu que donner une idée de la nature de la lutte, et nullement irriter des plaies encore toutes saignantes. Lyon est occupé par une armée victorieuse, Lyon doit pleurer en silence, fermer ses douloureuses blessures; trop de sang a coulé: tout souvenir inutile amènerait d'inutiles douleurs et peut-être de funestes idées de vengeance. Trop de vengeances ont été exercées! Nous ne dirons pas que *ces déplorables accidens ont été de ces faits de guerre presque inévitables* (1); l'humanité n'admet point de telles excuses. En citant le trait suivant nous aimons mieux nous rappeler que des soldats français combattaient leurs frères égarés.

Dans le quartier du collége, un insurgé s'élance à l'improviste sur un soldat et lui tire un coup de fusil presque à bout portant; l'arme ne fait pas feu... l'insurgé se relève, écarte ses vêtemens, et s'adressant au soldat, s'écrie: « A ton tour........ voici ma poitrine.... je suis républicain. » — « Je ne sais pas tirer de si près, » répond le militaire, « va-t'en. »

(1) *Moniteur*.

IX.

Situation intérieure de l'insurrection pendant les journées du 10 et du 11. — Les troupes se fortifient sur les points qu'elles occupent. — Proclamation de la préfecture. — Aspect de la ville.

Au lieu de rendre compte des mille combats particuliers dont Lyon fut le théâtre dans les trois premiers jours de cette lutte acharnée, il sera plus utile de revenir sur la situation exacte de l'insurrection dans le centre de la ville, insurrection peu nombreuse, sans chef vraiment militaire, sans munitions, sans vivres, sans argent, que l'on prétendait avoir réprimée le 9, et qui le 11 au soir occupait deux églises et un immense quartier.

Les ouvriers, dit le *Reparateur*, maîtres dès le premier jour de la place des Cordeliers, y sont assez fortement retranchés. Ils n'ont *eu à repousser aucune attaque* sur ce point.

Ils ont mis ce temps à profit pour dégager les alentours de la paroisse St-Nizier, refouler la troupe qui occupait la rue Syrène, et se porter jusqu'à la rue Longue qui, de ce côté, sert en ce moment de ligne de séparation entre les deux partis.

Ils ont aussi élevé une barricade à l'extrémité de la place Saint-Nizier, du côté du Pont-de-Pierre, et une autre rue Trois-Carreaux, à l'entrée de la rue Chalamon. Celle-ci leur a servi à soutenir la fusillade pendant une partie de la journée contre les troupes établies sur le quai de la Saône. D'autres barricades ont été construites plus ou moins avant dans les différentes rues qui communiquent avec la rue de la Grenette; en sorte que, dans cette partie de la ville, ils sont maîtres d'un espace situé entre le Rhône et la Saône, qui s'étend dans la direction de la place des Cordeliers au bout de la rue de la Grenette, puis, en prenant la parallèle, de la rue de la Gerbe à l'extrémité de la rue Longue. Les points extrêmes de cette espèce de parallélogramme sont mis en communication par des lignes qui appartiennent également aux insurgés. Ils ont donc gagné un peu de terrain pendant cette journée.

On a vû que l'insurrection n'avait point un chef militaire, si elle en avait eu un, au lieu de tenter une sortie par les rues Raisin et de l'Hôpital contre la troupe qui s'y était barricadée, mais qui pendant la nuit faisait moins bonne garde, le quartier général de l'administration aurait pu être grandement compromis par un coup de main de ce genre. Sans doute l'autorité militaire comprit que si les ouvriers prenaient ainsi l'offensive, elle serait obligée de céder sur plusieurs points, surtout si en représaille des pétards et des obus, ils opposaient enfin l'incendie à l'incendie, comme on opposait barricades aux barricades. Dans la journée et dans la soirée du vendredi, les pièces qui jusqu'alors avaient tiré sans abri ni parapets sur le quai de Saône furent abritées par une tranchée faite sur les abords du pont Séguin. Les extrémités de plusieurs rues furent garnies de palissades, ainsi que le bout du pont Séguin; des sacs à terre furent disposés dans les endroits jugés convenables.

Les soldats montèrent dans les maisons, s'établirent sur les toits et firent avec les ouvriers la guerre des cheminées. La barrière Saint-Clair, plusieurs autres points menacés furent aussi mis en état de défense. C'est pendant le temps de ces craintes, sans doute, que furent expédiées à Paris ces nouvelles alarmantes parlant d'une position *inexpugnable* prise par le général Aymar; il était encore privé des renforts nécessaires pour enlever de vive force les positions des insurgés et depuis trois jours il paraissait les trouver réellement inexpugnables.

Alors peut-être aussi les *ordres impitoyables* de tout faire plutôt que d'évacuer la ville, arrivant du ministère, la responsabilité des ruines et des désastres fut assumée par les chefs du gouvernement; l'attaque en devint plus vigoureuse. Pour calmer les impatiens, l'administration fit circuler la proclamation suivante :

HABITANS DE LYON!

« La prolongation de l'état pénible où se trouve « la ville de Lyon, tient à un petit nombre de « factieux qui pénètrent dans les maisons, et « recommencent à tirer dans quelques quar- « tiers. Dans cet état de choses, permettre la « circulation complète, ce serait leur donner « la facilité de changer de position, de commu- « niquer entre eux et de porter le désordre « partout. Pour diminuer cependant cette gêne, « qui ne dépend pas de l'autorité, mais qui est « le résultat des désordres auxquels les habitans « n'ont pas su s'opposer avec énergie, on vient

« d'autoriser autant qu'il sera possible, la cir-
« culation des femmes.

« La ville de la Guillotière a bien apprécié « cette position, et les habitans qui ont eu tant « à souffrir hier des mesures militaires qui ont « été prises pour faire cesser l'aggression, ont « obligé les factieux à cesser le feu, et ont re- « conquis leur repos.

« Sachez les imiter, sachez dans chaque rue, « dans chaque quartier, vous entendre avec « chaque voisin, pour qu'on ne viole pas vos « domiciles, et que l'on ne vous expose pas aux « risques des mesures militaires et à la destruc- « tion qu'elles entraînent, et tout changera de « face en un instant et vous serez rendus à vos « travaux et à vos habitudes.

« Croyez la voix de l'autorité, qui, après avoir « si long-temps hésité à répondre aux provoca- « tions, vous indique les vrais moyens de faire « cesser le désordre. »

Lyon, le 11 avril, 1834.

Le conseiller d'Etat, préfet du Rhône,

GASPARIN.

Croyez la voix de l'autorité, et les Cordeliers tenaient encore, la Croix Rousse n'était plus attaquée, les faubourgs de Vaise, de Saint-Just et de St-Georges, toute la rive droite de la Saône, excepté les points occupés dès le commencement par la troupe, couronnés par l'artillerie des insurgés à Fourvières, tenaient encore.

Croyez la voix de l'autorité, et personne ne pouvait sortir dans Lyon, et dans ce moment même une femme tombait dans la rue Mercière, victime de son imprudence et de la rigueur des consignes.

Peut-on croire désormais à la voix de l'autorité? Ses ordres furent sévèrement exécutés; voilà tout ce que l'on peut dire; ils furent opportuns ou ils ne le furent pas; les Lyonnais en décideront dans leur conscience. Sur la rive gauche du Rhône, une vigoureuse canonnade de l'armée se mêlait au bruit du tocsin des insurgés. L'artillerie enfilait toutes les rues perpendiculaires au quai de Bonrencontre et de l'Hôpital; les ouvriers ne pouvaient en déboucher. Les batteries des Chartreux s'étaient fait entendre aussi de temps à autre. Une centaine d'insurgés, de la terrasse de Fourvières et de quelques jardins voisins, résistaient de leur côté aux décharges d'artillerie et de mousqueterie qui ne cessaient contre eux, sans cependant les écraser.

Ils n'avaient presque point de projectiles du calibre de leurs pièces, point de munitions; et faisant armes de tout, ils lançaient au hazard des morceaux de fer cassé pour utiliser leur artillerie.

Nous reculerions à l'idée de faire un tableau de l'état de la ville pendant ces deux jours, si un organe avoué du gouvernement ne l'avait lui-même fidèlement tracé; il faut seulement ajouter que ce qu'il dit s'être passé pendant le second jour fut aussi la mise en action du troisième. Les positions et les moyens étaient partout les mêmes; les résultats devaient être les mêmes aussi.

Croyez à la voix de l'autorité!

« Il est difficile à qui ne l'a pas vu, de se faire « une idée du triste et désolant aspect qu'a pré- « senté notre cité pendant cette seconde journée. « Aussi loin que la vue pouvait s'étendre, c'était « partout l'incendie ou le combat, souvent tous « les deux à la fois. Dans nos rues, sur nos quais, « sur nos places, ordinairement si animées, soli- « tude complète, silence de mort; aucun de ces « bruits tumultueux qui s'élèvent d'une ville po- « puleuse et commerçante. Malheur à celui que « la curiosité porterait à ouvrir une fenêtre, à « monter sur un toit! Partout la mitraille, les « boulets et les balles atteignent la curiosité im- « prudente. Seulement, de loin en loin, on aper- « çoit une ordonnance traverser les quais au ga- « lop pour aller porter les ordres du quartier gé-

« néral, ou bien des pièces d'artillerie rouler « avec fracas, accompagnées de leurs caissons, « et se porter sur un autre point pour foudroyer « les positions occupées par les insurgés. C'était « quelque chose d'effrayant et de lugubre que ce « silence morne, qui n'était troublé que par des « bruits de destruction, que cette thébaïde de « terreurs, au milieu d'une population condensée « et animée de tant de passions bouillantes (1).

(1) *Courrier* de Lyon.

X.

Réflexion sur la lenteur des attaques de l'armée dans les premiers momens du combat. — Insuffisance présumée de la garnison. — Les ouvriers reconnaissent leur isolement. — St-Etienne ne les secourt pas. — Leur dénuement. — Manque d'une direction politique. — Ils sont près de succomber.

Avant de parler des attaques décisives du Samedi 12, il faut examiner quelles causes ont pu rendre dans les premiers jours l'attaque de l'armée si lente et si incertaine : comment l'insurrection s'aperçut bientôt de son isolement, et dut croire à une inévitable défaite.

L'autorité supérieure connaissait l'impopularité de toutes ses mesures dans une classe nombreuse de la population ; elle savait que si les ouvriers lyonnais n'en appelaient pas aux armes pour obtenir l'amélioration de leur sort, c'est que la prudence de plusieurs de leurs chefs l'emportait sur l'exaltation de quelques individus. Les sociétés républicaines avaient depuis quelque temps fait de nombreux prosélytes : quelques sous-officiers y avaient été admis, ainsi, tout en se préparant à la bataille, le pouvoir en prévoyait le danger. Il s'exagérait peut-être le nombre probable des combattans, que l'état actuel de division dans les partis, devait contribuer à réduire. Mais une fois que, après les premiers coups de feu, le cri aux armes eut retenti partout, on crut que tous les ennemis du gouvernement prendraient les armes. On chercha donc à les isoler dès le commencement de la lutte ; car on ne pouvait supposer que ceux qui avaient commencé seuls le combat, seraient seuls à le soutenir, et leur résistance désespérée fut attribuée à leur nombre, plus qu'à leur courage. Averti et trompé par l'autorité civile, le Général obligé de tenir garnison dans tous les forts, d'assurer ses communications, de garder les ponts et d'avoir une réserve, ne crut pas avec environ 8000 hommes disponibles, avoir assez de troupes pour s'engager encore dans une guerre de rues. Aux attaques de vive force, aux coups de main tentés partout où il y avait résistance, le général Aymar et le général Fleury préférèrent la certitude d'une espéce de siége des points occupés par l'insurrection, en attendant les renforts demandés partout le matin même et avant le commencement des hostilités. Le bruit avait couru en ville que des amas d'armes, des provisions de guerre étaient à la disposition des ouvriers. Trompés par cette rumeur publique toujours si mensongère, on crut qu'une immense population toute armée, gardait ces rues, où l'on se hâta de dire qu'elle était refoulée, et on ne voulut pas s'exposer à éprouver une perte d'hommes considérable, dans la crainte de ne pouvoir plus résister à l'insurrection prenant l'offensive.

Le soldat, au commencement de la lutte, n'avait pas encore contre le peuple cette exaspération causée toujours par une résistance opiniâtre et dont les malheureux effets se firent sentir plus tard. Il ignorait la détermination arrêtée des chefs, de vaincre où de périr; peut-être aussi, ceux des militaires qui avaient été appelés brigands à Paris pour avoir fait feu sur le peuple vainqueur, pouvaient hésiter avant de l'aborder franchement, ne sachant pas qui serait vainqueur aujourd'hui. Toutes ces causes ont pu empêcher de tenter dès le premier jour ce qui était aussi possible que le quatrième, vu le petit nombre de combattans opposés, l'enlèvement de vive force des Cordeliers, de Fourvières, de Vaise et de St-Georges. Voilà notre opinion et nos idées; d'autres jugeront si, malgré cela, le moyen de l'artillerie et du pétard était de rigoureuse nécessité.

Tandis que les bataillons de renfort se succédaient au quartier général, les ouvriers n'avaient rien vu de favorable à leur cause depuis trois jours. Trompés dans leur attente, ils durent comprendre, sans se l'avouer à eux-mêmes, que leur cause était désespérée. A l'exception de quelques gardes nationales facilement désarmées sur la rive droite de la Saône et en arrière de la Croix-Rousse, pas un renfort n'était arrivé aux insurgés. Saint-Etienne même était resté calme : grâce à la dépêche suivante du préfet du Rhône au préfet de la Loire, cette ville n'avait pas vu ses producteurs se lever en masse, et marcher au secours de leurs frères et amis.

« Monsieur et cher Collègue,

« Ce matin, au moment du jugement du procès « des mutuellistes, des barricades s'étant formées « sur plusieurs points de la ville, elles ont été atta- « quées et enlevées par la troupe avec la plus « grande vigueur. Partout les insurgés ont été dé- « faits et chassés de poste en poste. Maintenant « ils sont retirés dans quelques rues étroites du « centre de la ville, où ils seront attaqués de-

« main. Les troupes bivouaquent dans toutes les « positions qu'elles ont conquises. Cette journée « consolide à Lyon le gouvernement et y fera « renaître la sécurité que les anarchistes en « avaient bannie.

« Les troupes se sont admirablement con- « duites.

Lyon 9 avril,

« *Signé*, GASPARIN. »

Croyant à la voix de l'autorité, le peuple sté-phanois crut à la défaite du peuple lyonnais ; les sages s'applaudirent alors de n'avoir point poussé à une insurrection inopportune. Plus tard, apprenant la résistance de leurs amis, les exaltés essayèrent un soulèvement; effort inutile, diversion sans effet : il n'était plus temps pour les insurgés de Lyon. Un bataillon du 16e de ligne, remplacé par d'autres troupes venues de Clermont, avait déjà pu augmenter le nombre des forces arrivant de tous côtés au quartier-général. Au moyen des chemins de fer dont les nombreux employés sont pour ainsi dire habitans de Lyon et de St-Etienne, la communication entre ces deux villes est on ne peut plus fréquente.

Les rapports d'habitude et d'industrie, les

coalitions, les associations, le voisinage, avaient toujours fait croire aux Lyonnais que leurs premiers auxiliaires seraient les Stéphanois. Les insurgés se voyaient donc abandonnés partout. Les faiseurs de barricades regagnèrent peu à peu leur logis dans chaque quartier. Il n'y avait pas assez de fusils, même pour armer tous les hommes de bonne volonté, ils manquaient de munitions; aucun de leurs chefs n'avait su profiter des deux premières journées pour regagner une communication centrale sur les deux rives de la Saône, pour laquelle l'occupation de la place de la Préfecture, si faiblement défendue et si peu militairement préparée pour la défense, avant le combat, aurait été du plus grand secours. Dans leur état physique et militaire, après trois jours et trois nuits de lutte sans relâche pour eux, abîmés de fatigues et de besoins de tout genre, les ouvriers devaient être facilement enlevés de vive force. Excepté quelques proclamations manuscrites, quelques harangues, quelques nouvelles répandues, soit par les curieux, soit à dessein par les chefs, aucune direction gouvernementale républicaine ne s'était fait sentir. Dans les quartiers occupés, on avait bien proclamé la déchéance du roi des Français; on avait vu aussi la proclamation de l'insurrection; on avait pu trouver çà et là quelques autres pièces de cette valeur; mais à côté de la force qui voulait détruire, où était l'esprit qui devait reconstruire? Sentait-on quelque part l'impulsion d'un nouveau gouvernement? D'aucun côté rien n'était venu ranimer le courage des timides, ni augmenter le nombre des combattans; tout amenait naturellement la défaite de l'insurrection et avec elle, une victoire du Gouvernement sur la république, dont elle avait hautement proféré les cris et adopté les formes. Cette victoire est-elle décisive? est-elle la dernière? et telle enfin, par sa nature, que les vainqueurs puissent à jamais retenir les vaincus sous les fourches caudines? C'est après avoir lu les détails du combat, que le lecteur pourra en juger.

XI.

Journée du samedi. — Le faubourg de Vaise est enlevé. — Prisonniers passés par les armes. — Attaque et prise de Saint-Bonaventure. — Prise de Fourvière le dimanche. — Saint-George cesse le combat. — Reddition de la Croix-Rousse. — Fin des hostilités.

On vient de voir l'insurrection épuisée par ses propres efforts, amenée au point de succomber. Les ouvriers défendant des postes isolés moins compromis vis-à-vis du vainqueur, cessèrent peu à peu de combattre, et pourvurent à leur sûreté. Ceux qui en plus grand nombre défendaient les points importans allaient être attaqués et vaincus. Avec les nombreux renforts arrivés au camp établi sur la place Bellecour, les généraux n'hésitèrent plus à former leurs colonnes d'attaque. Le faubourg de Vaise après quelques coups de canon fut enlevé par le général Fleury. Au dessus de l'école vétérinaire, un petit bois occupé jusqu'alors par les insurgés, et d'où ils faisaient un feu assez incommode sur les troupes, fut tourné. Le combat finit sur ce point.

Mais l'opiniatreté de la défense avait irrité les assaillans, ils ne concevaient pas que des gens sans cesse appelés brigands et bandits leur fissent courir tant de dangers. Les soldats pénétrant partout où ils avaient vu quelque résistance, la firent payer cher aux habitans. Des innocens furent confondus avec les coupables, et le sang coula long-temps après le succès (1).

(1) Voir les pièces à l'appui. Afin de prévenir le reproche d'avoir outré le caractère de l'attaque et de la résistance, nous croyons devoir citer textuellemenr une phrase du journal organe du pouvoir à Lyon. Elle n'a pas été désavouée quand les souvenirs du combat étaient présens. Elle a force de vérité pour nous. « Les soldats exaspérés *déchar-* « *gent leur fureur* sur les prisonniers qu'on amène à chaque « instant. Quelques-uns sont maltraités et ne sont préservés « qu'avec peine par l'intervention des officiers et des ma- « gistrats. » (*Courrier* de Lyon, 15 avril 1834).

Quant à l'espèce de jugement militaire sans doute appliqué à ceux que les officiers ne préservent pas, dans sa dépêche le général Aymar dit simplement :

« *Des brigades* composées de soldats dirigés sur les com- « pagnies de discipline d'Afrique *menaçaient du pillage* :

Les militaires appartenant aux compagnies de discipline, repris dans ce quartier, furent éxécutés sur le champ comme *pillards*. Douze furent fusillés près du pont de la Gare. Y eut-il l'ombre d'un jugement ? Le chef qui a donné un tel ordre peut seul rassurer l'humanité en publiant sa justification.

Les communications avec Paris devinrent libres par la prise du faubourg de Vaise. Les malles-postes au galop partirent de Bellecour pour aller répandre partout la nouvelle de cet important succès et dire encore une fois que tout était fini.

Vaise avait succombé. Le quartier des Cordeliers dernier refuge des insurgés, devait succomber à son tour. L'église de Saint-Nizier d'où le tocsin n'avait cessé de se faire entendre fut d'abord brusquement attaquée et prise. Les défenseurs se réfugièrent ou sur la place des Cordeliers ou dans les maisons environnantes.

Le quartier général fut immédiatement attaqué. Quelques compagnies débouchèrent des rues barricadées par la troupe. L'artillerie balaya les brèches ouvertes du côté du quai, pendant que

« poursuivis à outrance, ils ont voulu tenir dans quelques « maisons et ont été *passés par les armes*.

« *Signé*, AYMAR. »

d'autres compagnies franchissaient tous les obstacles au pas de course. Plusieurs soldats furent blessés ; l'attaque était bien conduite ; les ouvriers en petit nombre durent se sauver de tous les côtés. Ceux placés près de la porte de l'église ou qui étaient encore dans l'intérieur y restèrent forcément. Une décharge enfonce la porte. Tout ce qui se présente reçoit la mort à l'instant. Les vainqueurs irrités pénètrent dans cette enceinte si peu faite pour être le théâtre de tant et de si sanglantes horreurs.

Alors un tableau dont rien ne peut donner une idée se présente à celui qui conserve assez de sang-froid pour en garder le souvenir.

La fumée de la poudre a remplacé celle de l'encens. Sur le sol, en entrant, les derniers défenseurs de la place étendus sans vie, ou expirans sous les coups des soldats : le sang inonde les marches des autels ; des débris de toute sorte encombrent le passage. Dans les chapelles, des blessés étaient soignés par un médecin et par des femmes. Une d'elle porte un pistolet et pleure. Une autre, jeune et belle, continue son œuvre de dévouement : elle n'a pas craint de venir partager les dangers d'un ami ou d'un frère. Elle se présente avec lui au vainqueur irrité ; celle-là est sauvée, une autre est blessée. Ailleurs, dans une sacristie, deux malheureux succombent percés de mille coups dans les bras d'un prêtre ; ministre d'un Dieu de miséricorde, il demandait leur grâce sur la terre; Dieu pèsera leurs fautes et leur mort, Dieu seul pouvait leur pardonner peut-être.... Ils sont morts.... Et au milieu de la poussière, au fond de l'église, un jeune homme, dit-on, les bras croisés sur la poitrine, criant d'une voix forte : *Mes amis, voilà le moment de mourir pour la patrie!* tombe ; comme le pavillon d'un vaisseau coulé par l'ennemi s'abaisse et disparait.

L'église à l'instant même est fouillée dans toutes ses parties : on ne voit plus qu'une confuse désolation, et dans ce désordre, à travers ces décharges de fusils et de canons, quand tant de malheureux ont besoin de secours, au milieu des cris de miséricorde ou de vengeance, quand chacun peut à peine se souvenir de ce qu'il a d'abord fait lui-même en pénétrant dans ce lieu de carnage et de destruction; le prêtre est arrêté, on l'accuse d'avoir fabriqué de la poudre... On l'a vu!... accusation terrible dans une si terrible catastrophe; mais portée par qui? car si l'on interroge les pieux habitans du quartier, tous répondront que ce prêtre est un homme vertueux, que ce prêtre est innocent.

Les cris de *vive le Roi* retentirent sur la place et aux environs, assurent les défenseurs prononcés de tous les actes du pouvoir quels qu'ils soient, c'est chose possible; mais si le cri de *vive la France* eût pu se faire entendre, peut-être eût-on épargné tant de Français qui venaient de périr!. . . . .

Après ce succès si chèrement arrosé de sang lyonnais, les morts et les blessés furent portés à l'hôpital. Quelques coups de fusils se firent entendre encore dans les rues; le poste fut militairement occupé; la troupe renversa les énormes barricades de la place du Concert, de la rue de l'Hôpital et des environs. En interrogeant les habitans, on s'étonna d'avoir été arrêté si longtemps par un poste, que si peu de combattans avaient défendu contre les efforts combinés de plusieurs détachemens.

Au reste, rien ne prouve mieux ce qui a été dit sur le petit nombre des insurgés occupant les quartiers du centre de la ville, qu'un extrait de la correspondance d'un journal de la capitale; l'écrivain raconte son voyage à travers les barricades. « Les ouvriers, *dit-il*, ne m'ont nullement « inquiété, ils ne reconnaissent d'autre ennemi « que le soldat. Leur nombre est infiniment peu « considérable. Soixante hommes à peine occu- « pent la place des Cordeliers; très-peu ont des « fusils. La plupart sont des enfans de seize à « dix-huit ans, de vrais *gamins*. Il eût été facile,

« dans le commencement de l'action, d'occuper « sans coup férir la place du Concert, la place « des Cordeliers et la halle aux bleds. Quelques « compagnies et un escadron auraient suffi (*Temps*, « 16 avril).

La prise du faubourg de Vaise, l'occupation de la place des Cordeliers était la fin réelle de l'insurrection. Si la Croix-Rousse, tenue en échec par le fort Montessuy et la caserne des Bernardines, n'avait été d'aucun secours pour l'ensemble des opérations des insurgés privés de direction, elle devait bientôt tomber elle-même.

Le coteau de Fourvières n'était pas occupé par un plus grand nombre de combattans que le premier jour. Les pièces prises à St-Irénée faisaient un feu de peu de valeur, sur le quai de Saône et sur la place Bellecour; des pièces de vingt-quatre leur répondaient de temps à autre. St-Just était complétement occupé.

Cependant pour calmer l'inquiétude des lyonnais, il parut encore une proclamation préfectorale. Les habitans des quartiers protégés par les troupes, ne comprenaient pas pourquoi ils ne pouvaient sortir de leurs maisons, ni comment une insurrection si bien refoulée le premier jour, finie presque partout le deuxième, les retenait encore captifs dans leurs maisons le cinquième.

La préfecture les tira d'incertitude au moyen de la pièce suivante :

Habitans de Lyon,

« La sainte cause des lois, de l'ordre et de la
« vraie liberté, vient de triompher dans les murs
« de Lyon. Quelques restes de rebellion sont en-
« core dans quelques quartiers, ils seront sou-
« mis aujourd'hui. Cet heureux résultat a été
« acheté par un temps précieux ; vous avez
« éprouvé de la gêne et des souffrances, mais
« qui de vous s'en souvient encore en présence
« du grand résultat obtenu par la valeur, la cons-
« tance et la discipline des troupes ? Pour met-
« tre, aussitôt que possible, un terme à l'état de
« contrainte que nécessitait l'action militaire, il
« est arrêté aujourd'hui que la circulation des
« piétons sera rétablie en ville, mais que l'on ne
« souffrira pas de stationnement sur la voie pu-
« blique, ni de réunion de plus de cinq person-
« nes, et que le passage des ponts continuera à
« être interdit. Ces restrictions seront enlevées
« aussitôt qu'il sera possible, sans compromettre
« les opérations militaires.

« Le conseiller d'Etat préfet du Rhône

« Gasparin.

« Lyon 13 avril 1834. »

En lisant ces phrases banales et aussitôt démenties par les faits, on se fait une idée de la grande préoccupation du pouvoir. Cependant son triomphe était assuré ; car environ vingt mille hommes étaient réunis, et Fourvières défendu par cinquante hommes au plus, pouvait être attaqué.

Le lendemain, dimanche, une colonne fut envoyée pour tourner cette position par le dehors du faubourg de Vaise. Faiblement défendue, elle fut enlevée après une perte peu considérable des ouvriers ; c'était la dernière ressource de leur défense sur la rive droite de la Saône.

Nous ne parlerons pas des désordres qui eurent lieu près de ce sanctuaire, ni du pillage de la caisse de secours pour les vieux prêtres. Trop de sang, trop de désastres, ont souillé ces funestes journées. Si les églises de Saint-Nizier et des Cordeliers ont été dévastées, si les troncs des pauvres n'ont pas été respectés, si des vols dont nous ne chercherons pas même à découvrir les auteurs, ont eu lieu dans des maisons particulières, déplorons de si honteux désordres, commis, sans doute, par quelques hommes isolés. La prise du faubourg et des hauteurs de Saint-Georges eut lieu dans la matinée du lundi. Les ouvriers y abandonnèrent quelques armes sur le terrain et cherchèrent plutôt à se dérober aux terribles exécutions dont le bruit s'était déjà répandu parmi eux, qu'à combattre inutilement. Dans la journée du 14, après la prise de Saint-Georges, la Croix-Rousse devait capituler. En vain quelques chefs déterminés à périr plutôt que de se rendre, soutinrent encore une dernière attaque dans la soirée du lundi; le général Fleury libre d'agir sur ce point, les menaça de toute son artillerie et leur offrit une capitulation. Un maréchal-des-logis d'artillerie se présente seul aux barricades, les anciens maires de la ville conseillent la prudence. Touchés des malheurs qui menacent les habitans, les plus intrépides se rendent, les armes sont abandonnées; on favorise la fuite de plusieurs, et la troupe victorieuse entre dans cette ville échappée à la destruction

Quelques fuyards poursuivis dans la campagne refusaient de se rendre, ils tombèrent percés de coups; d'autres parvinrent à s'échapper, après avoir été témoins de la mort de leurs amis. Peu à peu les détonations d'armes à feu deviennent plus rares ; le silence de la nuit n'est plus troublé que par quelques décharges faites au hasard, ou dirigées contre des fugitifs. Les soldats placés en observation sur les toits et derrière les cheminées pour répondre au feu des ouvriers, ont partout abandonné leurs positions. La guerre extraordinaire est finie. Lyon, la ville du commerce et de l'industrie, reste occupée par les troupes sur tous les points. Vaste bivouac, où chaque place, chaque rue, chaque position est encombrée de soldats et d'appareils de guerre, ou de monceaux de ruines. La ville entendit enfin la voix de son premier magistrat; elle avait été privée de ses communications pendant sept journées de deuil et d'angoisses. Rien que le retentissement du canon et le bruit de la mousqueterie n'avait répondu à ses craintes. Etait-on donc en état de siége? Pouvait-on croire la voix de la préfecture, annoncant le retour de l'ordre, quand trois jours après ses assurances que tout était fini, tout était encore à finir; quand trois jours après qu'on annonçait la libre circulation des femmes, les femmes mêmes ne pouvaient circuler que le matin et dans les environs de leur quartier?

Mais Lyon ne connaissait pas l'étendue de ses malheurs. Avertie le mardi qu'elle pouvait enfin sortir, la population se précipita dans les rues. La foule était immense; chacun disait ce qu'il avait pu apercevoir. Ceux qui avaient souffert la faim par suite du blocus où la troupe tenait les maisons, racontaient leurs inquiétudes et leurs craintes. La paix était donc rendue à la cité, mais pour le croire on avait besoin de lire la proclamation suivante :

Mes chers Concitoyens !

« Après les déplorables événemens dont nous « venons d'être les témoins et les victimes, votre « premier magistrat éprouve le besoin de vous « faire partager les sentimens de gratitude qui « l'animent pour la brave garnison dont l'hé- « roïsme a sauvé notre cité de sa ruine, et pré- « servé la France de la plus sanglante anarchie.

« Vous l'avez vu, mes chers concitoyens : les « hommes qui, depuis long-temps, rêvaient le ren- « versement du gouvernement de juillet, n'ont « pas reculé devant les conséquences de leurs cri- « minels projets ! Préparant la guerre civile, ils « s'appliquaient à égarer par de fausses théories, « une population jusqu'alors paisible et labo- « rieuse, et ils ont préludé à cette guerre civile « par la suspension forcée de travail, par les me- « naces et par la violation du sanctuaire de la jus- « tice. Pourquoi, jusqu'à ce jour, tous nos efforts « n'ont-ils pu conjurer l'orage? c'est que la voix « de l'autorité ordinairement si bien comprise « des Lyonnais a été étouffée par les passions po- « litiques.

« Vaincus au sein de la capitale dans les événe- « mens de juin, c'est Lyon que les factieux de « toutes les provinces ont pris pour point de ral-

« liement. Ici, comme à Paris, leurs criminelles « tentatives ont échoué. Le triomphe des amis « des lois et de l'ordre social n'a pas été un seul « instant douteux ; et la lutte eût été courte, si le « besoin de ménager le sang de nos défenseurs « n'eût nécessité l'emploi de l'artillerie.

« C'est pour la seconde fois, que notre malheu- « reuse cité est devenue le théâtre de sanglantes « collisions ; et la douloureuse expérience que « nous venons de faire, sera à l'avenir un grand « enseignement pour nous et la France entière.

« Que la population se rassure! que chacun « reprenne le cours de ses travaux habituels ! « nous comptons sur le bon esprit de nos conci- « toyens pour hâter le retour de la paix et de « l'ordre. »

Fait à l'Hôtel-de-Ville, Lyon, le 15 avril 1834.

Le maire de la ville de Lyon.

VACHON IMBERT, *adjoint*.

XII.

Conduite de l'autorité après la victoire. — Adresses et proclamations. — L'artillerie a refusé des récompenses. — Singuliers rapprochemens. — Evaluation des pertes dans l'armée, dans le peuple. — Composition des masses. — Observations.

A Rome, le peuple donnait souvent au vainqueur le surnom du vaincu ; et dans ses guerres civiles des sénateurs osèrent saluer Sylla du nom de sauveur de la patrie ; personne cependant n'osa l'appeler le bienfaiteur de Préneste.

Plus avancés que les Romains dans les voies de la civilisation, il nous était réservé de voir donner le titre de bienfaiteur d'une ville à celui sous l'administration duquel une ville a été sinon détruite, du moins ruinée pour de longues années. Après avoir lu la lettre suivante, on ne s'étonnera plus de nos tristes et amères réflexions. La voix paternelle qui n'avait pas su trouver une parole de paix pendant six jours de guerre fratricide, cette voix va parler à l'autorité. Ecoutons-là.

Lyon le 16 avril 1834.

Monsieur le préfet,

« Je remplis avec le plus vif empressement la « mission dont m'a chargé le conseil municipal.

« Il vient de s'assembler, et son premier senti-« ment a été celui de la reconnaissance envers « ceux qui ont sauvé notre malheureuse ville des « horreurs de l'anarchie.

« Vous, M. le préfet, vous avez été un de ceux « qui ont inspiré ce sentiment le plus profondé-« ment, et j'ai été chargé de vous exprimer com-« bien mes concitoyens ont éprouvé d'admiration « pour votre courage et votre dévouement.

« Vous serez compté désormais par les Lyon-« nais au nombre de leurs bienfaiteurs, puisqu'ils « vous doivent le raffermissement de leur exis-« tence sociale, et que vous avez contribué si « puissamment à les délivrer des maux incalcu-« lables qui les menaçaient.

« Agréez, etc.

Le maire de Lyon.

VACHON-IMBERT, *adjoint.*

Il ne manquerait après une telle adresse, que de vouloir attacher les noms de semblables bienfaiteurs aux monumens de leurs bienfaits; que les rues Raisin, de la Guillotière et autres changeassent de noms; et grâce à son conseil municipal, le peuple Lyonnais se rappellerait les noms de tous ses bienfaiteurs!..

Et comment éviter d'aussi pénibles rapprochemens? Comment, sans arrière-pensée aucune, achever douloureusement ce récit? Que si, pour consolider la paix, on se fût réuni dans un commun effort pour faire oublier la guerre, il ne nous resterait plus qu'à mettre sous les yeux de nos lecteurs un résumé des pertes et des incalculables malheurs dont Lyon a été la victime. Mais quand après avoir harangué M. le préfet-bienfaiteur, des magistrats publient et font afficher une adresse de félicitations à l'armée, il est nécessaire de faire connaître ce monument de l'histoire de nos aberrations politiques.

« Soldats,

« La ville de Lyon, la France, la civilisation
« toute entière, ont couru un immense danger
« que votre valeur a su repousser. Après une lutte
« prolongée, après les efforts si constans d'un

« courage dont chacun de ses membres, a été le « temoin, le conseil municipal de cette grande « et malheureuse cité éprouve le besoin de vous « payer le juste tribut de son admiration et de « sa reconnaissance. Vous avez vaincu l'anarchie, « vous avez repoussé loin du sol de la France les « principes anti-sociaux qui l'avaient déjà enva- « hie, mais qui n'y sauraient jamais pousser de « profondes racines. Appuyée sur la monarchie « qu'elle-même a fondée, la liberté ne saurait pé- « rir en France que par ses propres excès; c'est « à des excès que vous avez déclaré la guerre, et « c'est sur eux que vous avez remporté la plus « glorieuse victoire; et vous avez ainsi bien mé- « rité de la liberté de la France et en particulier « de la ville de Lyon.

« Pour copie conforme :

Le maire de Lyon,

VACHON-IMBERT. »

On sait comment on a combattu; nous n'ajoutons donc rien à ces paroles; en d'autres temps qu'en ceux de discordes civiles, on pourrait prononcer sur de tels actes. Il n'y a pas de bons juges, là où il n'y a pas de juges désintéressés.

Après la victoire, il n'était pas étonnant que le pouvoir songeât aussitôt à récompenser ses agens;

c'était de bonne guerre, et Lyon était en état de guerre. Les croix, les pensions, les grades vinrent à foison, et firent, par leur éclat, oublier aux vainqueurs que les vaincus étaient leurs frères. Il s'agissait pour le gouvernement de son existence; on avait combattu pour lui, il récompensait largement. C'était justice.

Cependant une démarche faite par un officier supérieur d'artillerie, semblerait faire pressentir que plus tard on ne jugera peut-être pas comme aujourd'hui. M. le colonel Alphand a adressé les lignes suivantes à plusieurs journaux.

« Il me paraît utile de faire savoir que MM. les « officiers d'artillerie de la garnison de Lyon, « seuls responsables de l'exécution des ordres « qu'on leur a donnés pour amener promptement « la fin des troubles de cette ville, avaient déclaré « d'avance qu'ils n'accepteraient aucune faveur « ou récompense qui serait la suite des déplorables « événemens dont les habitans ont été les victi- « mes; c'est ce qui explique pourquoi ces offi- « ciers n'ont reçu ni décoration, ni avancement.

« Alphand, lieutenant-colonel,
« commandant l'artillerie de la place.

« Lyon, 1er avril 1834.

Quelque interprétation qu'on veuille donner

à cette lettre, de quelque détour qu'on se serve pour en atténuer le sens, il ne paraît pas moins évident qu'elle a été dictée par un sentiment digne d'éloges, et qu'une idée bien honorable pour son auteur y domine: le refus d'une récompense pour prix du sang français répandu dans nos discordes civiles. Pourquoi M. Gasparin n'a-t-il pas refusé et la croix de commandeur de la Légion-d'Honneur et la pairie? Pourquoi M. le général Aymar n'a-t-il pas refusé la croix de grand-officier? En agissant ainsi, ces messieurs eussent fait une action grande et louable; la population aurait compris leur conduite. Après avoir souffert des mesures rigoureuses de l'administrateur et du général, elle honorerait leurs sentimens de Français, elle se consolerait peut-être, et leur voix ne se ferait jamais entendre en vain.

Une autre marche a été adoptée par le parti vainqueur. Tandis qu'on envoyait à la hâte trois membres du conseil municipal, pour épargner à la ville la malheureuse nécessité de payer les dégâts, on ouvrit une souscription pour les vainqueurs qui les avaient faits. Aux récompenses des adresses flatteuses, on ajoutait les récompenses de l'or. Par une singulière contradiction, ceux qui en 1830 souscrivirent pour les barricadeurs de Paris et les assassins de cheminées, ceux-là même, souscrivirent en 1834 pour les soldats qui ont combattu les barricadeurs et les assassins. Ceux qui appelaient le peuple héroïque après avoir été un jour porté par lui sur le pavois, ceux que le peuple avait vaincus depuis et épargnés; vainqueurs aujourd'hui l'insultent et l'outragent. Etait-ce donc ainsi que les désastres de Lyon devaient être réparés? A la joie des triomphateurs, à leurs chants de victoire, toute la ville était sourde. elle ne voyait, elle ne sentait réellement que ses plaies et ses douleurs. Le conseil municipal, quelques centaines de personnes criaient seuls: *Tout est sauvé;* tandis qu'une population immense, voyant comme on l'avait sauvée, ne savait ce qu'elle devait le plus déplorer *des ravages des factieux* ou *de la protection du pouvoir* (1).

La lutte est finie, les ouvriers reprennent lentement leurs travaux, plus d'un métier a cessé de battre, parce qu'il n'y a plus de bras pour les faire mouvoir! les familles dont quelques membres avaient pris les armes, sont dans la consternation, les expatriations ont commencé; et si le télégraphe dit à Paris : *Les travaux ont recommencé ; la ville est calme*, le télégraphe dit aussi : *Les perquisitions et les arrestations continuent* : tableau fidèle tracé en peu de mots qui n'ont pas besoin de commentaires...

(1) Rapport de M. Amilhau à la Chambre.

L'ordre règne dans Lyon, ordre matériel, conquis au prix d'effroyables désastres et de sacrifices difficiles à croire, et dont on verra plus loin un aperçu d'après des renseignemens pris quelques jours après les événemens.

Aux régimens présens à Lyon au commencement des hostilités, il faut ajouter les 20e et 21e léger, les 15e, 16e, 58e et 60e de ligne: le 4e dragons: le 5e et 10e chasseurs : le 5e hussards, et deux batteries du 10e d'artillerie; tous ces corps, arrivant en partie ou en entier à la première réquisition du général Aymar, mettaient à sa disposition une force de plus de 7,000 hommes.

Les pertes des troupes, d'après les rapports publiés et que nous avons lieu de croire officiels, peuvent être ainsi évaluées :

En tués	officiers.	27	total. 115
	sous-officiers et soldats .	88	
en blessés	officiers.	43	total. 360
	sous-officiers et soldats .	317	
Total des hommes mis hors de combat. . .			475

Les ouvriers blessés qui n'avaient point été portés à l'Hôtel-Dieu ou pris par les soldats, continuant à se faire soigner chez eux et pour cause, il est plus difficile d'évaluer leur perte. Cependant on sait qu'à l'hôpital civil 137 blessés avaient été reçus: d'après des calculs probables, on peut porter le nombre total des blessés populaires à quatre cents et celui des morts à un peu plus de deux cents. Voici quel est le relevé des cadavres déposés en divers endroits ou enterrés pendant ces tristes journées :

Au cimetière de Vaise	47	cadavres.
Au dépôt de Saint-Paul.	56	»
Au dépôt de l'Hôtel-Dieu	95	»
Aux Cordeliers.	5	»
A Saint-Georges	9	»
Total. . .	212	

Dans ce nombre sont comptées beaucoup de victimes inoffensives dont nous avons eu occasion de parler dans plusieurs endroits de ce récit.

En comparant cette perte au nombre des combattans populaires, elle est dans une proportion infiniment plus forte que celle des blessés de la troupe : cela vient de la manière dont finirent plusieurs engagemens : sur beaucoup de points on *passait par les armes* les combattans pris les armes à la main ou supposés tels ; or en *passant par les armes*, le nombre des morts augmente facilement...

Le nombre des ouvriers engagés dans l'action, peut avoir été de deux à trois mille, tant qu'il ne s'est agi que de se barricader et d'arrêter la troupe ; mais quand il a fallu combattre, on ne peut raisonnablement compter plus de 600 à mille hommes, dont la moitié à peine armés de fusils. A l'occasion des divers engagemens, il a été parlé du nombre des combattans armés que l'on supposait y avoir pris part; les partisans du gouvernement eux-mêmes, sont d'accord sur ce point avec nous. Seulement aujourd'hui on veut assurer à la France que des étrangers, des bandits, des gens sans aveu combattaient seuls à Lyon. On cite avec emphase des rapports établissant que sur 10 blessés à l'Hôtel-Dieu un seul est ouvrier en soie. On regarde comme étrangers, des perruquiers, des menuisiers, des tailleurs de pierre, etc. A cet égard il est bon de faire quelques observations.

Il y a trois mois, on devait en finir avec les ouvriers en soie, la question était industrielle : aujourd'hui on loue les ouvriers en soie de leur modération ; la question est politique.

L'opinion des ouvriers graduellement conduite à devenir opposée au gouvernement existant, réduit à leur juste valeur toutes ces assertions : quant à savoir si les combattans appartiennent à telle ou telle association, qu'on se rappelle que les plus exaltés seulement de toutes les sociétés populaires étaient d'avis de prendre les armes : que bien des gens avaient commencé à se battre, qui, trouvant moyen de rester cachés chez eux ou chez quelques amis, en profitèrent pour se soustraire à la mort : que le quartier de Saint-Georges a tenu l'un des derniers, quoique ce fut celui ou l'on trouva le moins de prisonniers à faire *passer par les armes*; disons donc que si un certain nombre d'hommes étrangers à la ville de Lyon a pu prendre part au combat, ceux-là ont dû être plus facilement pris que les autres combattans. Car dans les hôtels, chez les logeurs, dans les rues dont ils connaissaient moins bien les détours, tout concourait à les livrer à la police, et l'on sait que même dans les temps de calme une *battue de police* n'est jamais faite inutilement.

Inhabiles à se cacher, beaucoup parmi eux durent aussi attendre et subir les dernières chances du combat : ce n'est pas un étranger, cet ouvrier resté dans St-Nizier au moment où les soldats irrités se précipitent dans l'église, et qui les reçoit en feignant d'en être le sacristain. Ce ne sont pas des étrangers, ces hommes du peuple et en grand nombre qui s'échappent derrière cette femme, frappée de terreur, qui n'ouvre qu'en tremblant à des militaires, une porte de communication sur le derrière de St-Nizier. Que les étrangers soient donc nombreux à l'hopital et dans les prisons, la chose est toute simple, mais est-ce à dire qu'eux seuls auraient pu imposer leur défense aux ouvriers de Lyon, et qu'en si petit nombre, ils eussent forcé des masses populaires (1) à les laisser faire et à souffrir tant de privations et de malheurs?... Il y avait sympathie à St-Georges, à Vaise, à la Croix-Rousse; il y avait aussi coopération.

Si ceux qui ont combattu, ou fait combattre avec tant d'acharnement contre les travailleurs, prétendent ne les avoir pas rencontrés à l'hôpital ou dans les prisons, s'ils font même affirmer qu'ils n'y étaient pas, ce n'est pas qu'ils croyent que tout est fini, mais ils voudraient le faire croire. Ils ont vu une poignée de ces ouvriers mal armés, tenir pendant trois jours en échec une garnison nombreuse; et tous n'ont pas été *balayés par la mitraille;* ils savent aussi que déjà parmi eux, l'on signale les noms de ceux qui souscrivent pour les vainqueurs; et qu'une population traitée en ennemie tout entière, pourrait un jour encore, faire entendre sa voix. Certes nous ne sommes pas suspects, ce n'est pas pour nous que ces malheureux ont combattu, l'insurrection n'a jamais été notre principe, et nous en sommes toujours les victimes; mais en voyant que les mêmes hommes qui ont poussé les ouvriers lyonnais dans la carrière po-

(1) Voir dans le coup-d'œil sur Lyon, le grand nombre d'ouvriers qui l'habitent.

litique, nient aujourd'hui les conséquences de leurs principes destructeurs de l'ordre social, et prétendent écraser ceux qui les réclament, notre cœur français n'a pu s'empêcher de battre d'indignation et de rétablir les faits, en proclamant de dures vérités.

XIII.

Aperçu des dégâts. — Sur qui retombe la responsabilité des dévastations. — Arrestations. — Les presses du Réparateur sont brisées. — Les légitimistes ne sont pour rien dans ces douloureux événemens. — Les républicains. — Conclusion.

Dans un siècle aussi matériel, aussi positif que celui-ci, à une époque ou tant de choses se réduisent à des questions d'argent ou de chiffres, il n'est pas étonnant qu'au sortir des horribles désastres dont Lyon vient d'avoir à souffrir, le montant de ses pertes matérielles, soit peut-être ce qui a le plus frappé les esprits.

Les organes de la presse indépendante ont élevé bien haut le chiffre de ces pertes. Sans doute ils n'étaient que les échos de ce que racontaient dans les premiers momens les témoins des ruines de la cité. Ainsi on a dit que les pertes s'élevaient à près de soixante millions; mais plus tard les journaux ministériels ont eu bien soin d'atténuer le mal, et quand on est venu demander à la législature une indemnité pour ceux qui avaient le plus souffert, quand on a voulu faire des cathégories entre ceux qui devaient se partager les parcimonieuses aumônes de nos députés, on a dû être frappé de la mesquinerie du chiffre proposé par l'autorité comparativement à l'opinion publique, déjà formée. Le but de cet ouvrage a été de développer les causes de ces désastres, d'en dérouler l'épouvantable tableau et d'en indiquer les conséquences possibles; mais pour évaluer au juste les dégâts commis, bien des documens nous manquent, et nous craindrions de tromper le lecteur en lui donnant une évaluation quelconque : nous aimons mieux nous borner à citer quelques faits qui parlent assez haut pour qu'il soit inutile d'ajouter aucun autre commentaire à cet aperçu.

Les principales ruines sont dans le faubourg de la Guillotière, où une seule des maisons qui ont été incendiées donnait un revenu de 18,000 francs. Nous avons cité quelques-unes de celles qui ont été incendiées. Dans ce faubourg seul il aurait fallu donner les douze cent mille francs proposés à la chambre et rejetés par elle (1). Les

(1) Le rejet de cette loi a produit le plus fâcheux effet à

maisons pétardées dans l'intérieur de la ville sont en grand nombre. Dans les rues Raisin, Mercière, des Capucines, des trois Maris, place de l'Herberie, rue de l'Hôpital, on en compte plus de neuf; sur le quai de Flandres, deux maisons ont été abymées par le canon; et rue Grenette, une est entièrement brulée; une autre maison a été démolie par le canon, quai du Rhône, deux abymées, quinze autres complétement brulées ou détruites; sur la place de l'Herberie trois ont été violemment endommagées par le pétard, et sur la place du Concert, une grande quantité ont été battues en brèche ou criblées de balles, ainsi que l'église des Cordeliers, de Saint-Nizier et Saint-Bonaventure. Si l'on ajoute à cette nomenclature les dégâts moindres éprouvés dans une infinité de petites rues de la ville, on saura à qui l'on doit ajouter plus de foi, ou aux exagérations de la *presse* ou aux rapports officiels du gouvernement.

Une immense responsabilité pèse donc sur quelqu'un: Lyon a été ravagé et ne l'a point été par les factieux. Après avoir ordonné la destruction, le pouvoir s'excuse de ses résultats sur la nécessité. Il rejette l'odieux de ses moyens de répression sur ceux qui les ont motivés. Les dé-

Lyon et le journal ministériel lui-même s'est rendu l'écho des plaintes de ses habitans.

bats du procès mettront le pays à même de prononcer sur la nécessité des désastres ; la justice dira les noms des coupables et ses décisions seront respectées ; mais sans rien préjuger, il est nécessaire de répondre d'avance sur un point à l'opinion publique, et de signaler d'odieuses manœuvres et une tactique depuis long-temps connue, dont l'usage semblait être à jamais tombé dans le mépris.

Les arrestations de combattans obscurs s'étaient multipliées à la fin du combat. Rien n'était venu dévoiler la cause imminente d'une explosion depuis si long-temps annoncée. On ne voulait pas voir dans le mouvement d'une population devenue accidentellement politique, les résultats de la révolution de 1830, ère nouvelle si vantée de prospérité et de richesse.

Parmi les partisans ou les agens du gouvernement, une rumeur vague accusait sourdement le parti légitimiste d'être l'auteur de cette insurrection. Ils étaient irrités de voir que les masses s'étaient détachées d'un pouvoir créé par elles. Ils croyaient ou feignaient de croire que les amis du gouvernement déchu, ennemis naturels du gouvernement actuel, devaient avoir tout fait contre lui. Ces bruits furent répandus à dessein, ou peut-être, parce que aveuglés toujours sur les causes des événemens, les hommes ne voient point ce qui est, mais ce qu'ils désirent être. Des correspondances officieuses ne manquèrent pas de propager au loin ces imputations dénuées de fondement, et une accusation nouvelle vint donner un semblant de réalité à une phantasmagorie de soupçons sans fondemens, ou de calomnieuses attaques.

M. de Bourmont fils était venu à Lyon quelque temps avant les événemens, j'y étais aussi, mais depuis plus long-temps. Comme tous les habitans des quartiers de la préfecture, nous n'avions pu quitter l'hôtel que nous habitions pendant ces jours de combat; on s'inquiéta ou on feignit de s'inquiéter de notre présence; nous fûmes arrêtés et scrupuleusement visités. L'autorité administrative qui savait elle-même à l'avance l'inutilité de ses recherches, consentit à cette arrestation, si elle ne l'ordonna point. *La rumeur publique seule* était invoquée contre nous, elle se grossit aussitôt de mille bruits contradictoires et absurdes; avec nous, tous les légitimistes se trouvèrent personnellement mis en cause.

L'argent d'une loterie (1) dont les malheureux Vendéens déportés ou exilés ont recueilli le produit, avait été, disait on, distribué à l'émeute.

(1) M. le préfet du Rhône lui-même a eu entre les mains les reçus de la somme totale et il les a trouvés parfaitement en règle.

A la défense de plusieurs postes on nous avait vus payer de notre personne; la futilité de ces accusations était connue de la justice, et lorsque tout fut rentré dans l'ordre, une accusation préventive devait cesser de plein droit. Elle cessa, mais le premier coup avait porté; le parti légitimiste continua à être l'objet de sourdes attaques. N'ayant aucun fait à articuler contre la masse, on chercha à compromettre les individus. Les visites domiciliaires, les perquisitions furent inutiles. Malgré les menaces et les brutales atteintes portées à la propriété (1), la presse royaliste se fait entendre. Elle proclame la haute position de son parti. Si on l'accuse encore aujourd'hui, on est obligé de recourir à une publicité que l'on a faite soi-même et dont on a reconnu la nullité. Sans doute quelques légitimistes comme nous ont pu être pris et gardés en personne, nous ne savons à quelles accusations ils auront à répondre; mais si, témoins de la résistance héroïque d'un peuple attaqué par des forces supérieures, cédant à une indignation momentanée, quelques uns avaient pris les armes, nous les plaindrions; ils auraient été égarés, et n'en

(1) Des sapeurs du génie sont venus sans mandat, ni ordre aucun, pour briser les presses du *Réparateur*. A la plainte portée, il a été répondu qu'on n'y pouvait rien...

seraient pas moins coupables. S'il était vrai qu'ils eussent poussé à un mouvement dont ils n'ont point partagé les chances, il seraient plus coupables encore, mais leur parti ne peut être responsable de leur erreur; car leur parti est un parti d'ordre et de loyauté, de bonheur public et d'union en France. Il peut admirer le courage partout où il est; mais il déplore le résultat d'erreurs dont il a été la première victime. La royauté légitime, objet de son affection raisonnée, ne lui commande pas de traverser le sang pour arriver à son but. Déjà une fois cette royauté s'est trouvée en présence de la révolution; déjà elle a vu la révolution lui disputer la France, et comme la mère dans le jugement de Salomon, elle a préféré céder ses enfans à sa rivale, plutôt que de n'en avoir que les sanglans lambeaux. Témoins obligés d'une lutte inégale et malheureuse, les légitimistes ont eu des plaintes pour les coupables égarés, des secours pour les victimes. Une souscription a été faite ouvertement parmi eux et distribuée par les ministres du culte, les vrais amis du pauvre et de celui qui souffre. Toutes leurs démarches ils les ont faites au grand jour; ils laissent à d'autres les accusations et les récriminations, quand les résultats de la violation de leurs principes produisent leurs conséquences. Leur mission est de guérir les plaies de la révolution; ils l'accomplissent alors même qu'elle trône.

Si la France, convoquée pour prononcer entre eux et leurs calomniateurs, avait pu auparavant connaître le résultat du procès qui s'instruit à Paris, elle saurait quels ont été dans cette circonstance les véritables amis de l'ordre et du pays. En attendant, légitimistes, laissons passer la justice de Dieu, celle des hommes viendra après.

Nous ne dirons rien du parti de la république; trop de ses partisans sont en cause pour que nous hazardions aucune réflexion. Amis de la vérité, nous nous sommes fait un devoir de présenter dans un récit impartial tous les traits de courage, de modération ou de générosité par lesquels ce parti s'est signalé, bien que nous ne partagions pas ses illusions.

Si quelquefois, dans le cours de cet ouvrage, des paroles d'un blâme sévère nous ont été arrachées par plusieurs actes du pouvoir, c'est qu'un pouvoir institué par la France, dit-on, peut être jugé dans ses actes. Représenter les causes éloignées et le caractère de la lutte; parler sans haine et sans crainte; tel en est le but. Pourquoi faut-il que, n'ayant pas les opinions des vainqueurs, nous ayons si peu à dire de leur modération paternelle, et si souvent à détourner la tête en signalant les résultats d'une bravoure dont personne ne doute en France.

En voyant décerner des palmes, d'autres avaient déjà dit, en touchant cette corde si délicate dans les temps de dissensions civiles ; que l'ostentation des récompenses est une insulte à la paix publique, un encouragement à une exaltation aveugle qui, tout en poursuivant les factieux, a enveloppé dans leur châtiment mérité de paisibles et inoffensives victimes : nous n'avons pas craint de le répéter.

Puisse le lecteur le plus prévenu contre notre manière de voir, après avoir lu le récit fidèle de ces malheureux événemens, se bien convaincre qu'un désordre est toujours la suite d'un autre désordre ; puisse-t-il comprendre que la cause de tant d'erreurs n'est pas seulement dans une confusion de pouvoirs, mais bien aussi dans la violation des principes de justice et de moralité publique.

L'avenir nous apprendra si le pouvoir, dont une grande victoire civile vient de signaler la force repressive, aura oublié que *tout pouvoir qui joue au jeu sanglant de la guerre civile, finit par perdre la partie.*

PIÈCES A L'APPUI.

A.

Curieux journal d'un ouvrier de la Croix-Rousse, président d'une société patriotique, sur les événemens auxquels il a pris part.

Un ouvrier en soie, ancien militaire, homme de cœur, mais égaré comme tant d'autres, avait écrit la note suivante ; on nous l'a communiquée, nous ne la livrons à nos lecteurs que comme un simple renseignement dont nous n'assumons en rien la responsabilité. Nous supprimerons les outrages qu'un vaincu au désespoir et réduit sans doute à mendier le pain de l'exil, adressait au vainqueur ; nous supprimerons aussi quelques réflexions dont il entremêlait son récit. On y trouvera, en la lisant avec attention, la confirmation de presque tout ce que nous avions écrit, avant que cette pièce ne parvint entre nos mains.

« Le mercredi 9 avril, je me rendis à huit heures du « matin de la Croix-Rousse où je loge, à........ quartier « du change, pour y rejoindre la société patriotique de... « dont j'étais le président (nommé par élection). Nous « devions là, attendre la suite de la procédure relative « aux Mutuellistes. Les préparatifs qu'avait fait l'auto- « rité civile et militaire, devaient nous faire tenir sur nos « gardes; car jamais, en aucune circonstance, on ne vit « un pareil déploiement de force contre la nation.....

« Entre neuf et dix heures, je quittais la société pour « aller inspecter le terrain. Je n'avais aucune arme, et « j'étais comme tous ceux qui, se promenant inoffensifs, « allaient bientôt trouver la mort!.....

« ...... A peine avais-je rendu compte de ma mission, « que le citoyen X.......... premier conseiller, qui était « aussi en tournée, entre écumant de rage et nous ap- « prend que la mort moissonne..... Nous courons à notre « place d'armes, depuis long-temps désignée (1)........ « Chemin faisant, nous voyons un désordre complet; cha- « cun fuit. Les uns regagnent leur domicile, les autres « leur rendez-vous de section; l'on court, l'on s'égare. « Chaque citoyen était comme isolé, n'étant pas avec des « personnes de sa connaissance; on eût dit la défaite du « Mont-Saint-Jean. Arrivés au Cordeliers, nous ne trou- « vâmes pas un seul établissement ouvert.

« Isolés sur une place, peu nombreux, sans armes « et exposés aux charges de la cavalerie qui s'approchait, « nous prîmes le parti de regagner nos quartiers respec-

(1) Depuis les événemens de novembre.

« tifs, de former des barricades et de nous y défendre « jusqu'à la mort. Telle fut notre résolution. Nous nous « séparâmes ainsi, et chacun se hâta de rejoindre son « quartier. Tous ne purent y arriver. De tous ceux qui « étaient descendus le matin, je fus le seul qui pus re- « joindre la Croix-Rousse, encore avec beaucoup de « peine.

« Arrivé sur le plateau, je vis quelques bons citoyens « qui étaient déjà à l'ouvrage, je vis un de mes amis à « l'angle de la rue des Fossés et du Pavillon, armé d'un « fusil; c'était le citoyen X.......... qui, le premier à la « Croix-Rousse, avait osé prendre les armes pour la dé- « fense de nos droits. Je me rendis chez moi prendre mes « armes, pour rejoindre ce brave ami.

« Une barricade seulement était en train, quand une « colonne déboucha sur la place par la grande barrière. « Des voltigeurs s'avancent pour interdire nos travaux de « défense. Le citoyen X.......... et moi, nous portons « quatre fois la mort dans leurs rangs. Ignorant notre fai- « ble force, la peur s'empare d'eux; ils battent en re- « traite, emportant leurs morts par la rue du Faubourg, « et vont se camper au haut de la montée de la Boucle.

« Cette journée fut employée à former des barricades « pour nous garantir de l'invasion d'un ennemi qui....... « Pendant que nous faisions nos barricades, dans la « grande rue du Faubourg, des boulets partant de la ca- « serne des Bernardines venaient nous rendre des visites « de temps en temps; heureusement que les maisons fu- « rent seules victimes.

« A chaque barricade un poste fut établi; et là chacun « des citoyens présens sous les armes, en très petit « nombre, comparativement à celui des banquets, cafés, « etc., etc.

« Tous rivalisèrent de zèle et de courage, tous déci- « dés à mourir pour la défense de leurs droits; enfin, « chacun faisait son devoir d'homme et de citoyen. Le « gant nous était jeté, nous fûmes forcés de le relever, « non seulement dans l'espoir de vaincre, mais aussi pour « montrer à nos oppresseurs que nous veillions au salut « de la patrie, et pouvions briser nos chaînes au moment « où ils croyaient en avoir rivé les derniers anneaux.

« Ici plus franc que les écrivains sur lesquels retombe « toute la responsabilité de leur langage, je ne nierai point « la cause pour laquelle j'ai combattu, et je dirai fran- « chement et sans rougir, si ce n'est de joie et de gloire : « *Oui, je suis républicain;* oui, mes amis qui ont com- « battu à côté de moi, étaient tous républicains; non, « nous n'avons pas attaqué, ni même cherché le combat « sans pourtant le redouter, mais nous avons répondu à « la force par le courage et au nom de la République, « seul gouvernement où un peuple puisse rencontrer « quelque garantie pour ses droits. Par conséquent, con- « venez, Messieurs les écrivains, et ne rougissez pas d'a- « vouer que cette poignée de braves, qni a soutenu le feu « de vingt mille hommes pendant six jours, n'aurait pas « tenu plus de vingt-quatre heures, sous l'influence d'une « autre cause que celle de la République. Si vous le niez « encore, tant pis pour vous. Quant à nous, j'ose vous

« affirmer que le coq chantera dix mille fois, sans nous « voir renier notre cause, *l'indépendance du peuple.*

» Dans la nuit du 9 au 10, un officier sous-lieutenant au » 28e tomba en notre pouvoir; il fut pris les armes à la » main, c'est-à-dire un fusil. Vous croyez que nous allions » le fusiller. Là, serions-nous blâmables? N'ont-ils pas fu- » sillé les nôtres? Nos frères demandaient vengeance; eh » bien! si les républicains savent combattre leurs ennemis » les armes à la main, ils ne savent pas les assassiner sans » défense; ils les respectent. Honte à ceux qui professent » des sentimens contraires!.... Le septième jour au ma- » tin, il fut mis en liberté sans avoir souffert ni éprouvé » d'autre privation que celle de sa liberté.

» Je reviens à nos combats. Le 10 nous fûmes assez » tranquilles à la Croix-Rousse, à l'échange près de quel- » ques coups de fusil, sur les deux heures de relevée. Le » 10, je vis arriver le citoyen X........ que je n'avais pas » revu depuis la réunion des.... et que je comptais mort, » blessé ou prisonnier. Il m'engagea à descendre au quar- » tier Saint-Paul; j'y consentis d'autant mieux, que je » brûlais de brûler mes cartouches, ce qui ne pouvait se » faire à la Croix-Rousse ce jour-là, attendu que l'ennemi » ne se présenta pas. Nous descendîmes par le pont de la » Gare. En passant à la caserne dite de la Gare, nous » prîmes cinq à six livres de poudre et une carabine. » Nous passâmes après le pont, par Vaise, Saint-Just, et » descendîmes par la montée Saint-Barthélemy sans ren- » contrer d'obstacle. On occupait alors tout ce quartier » jusqu'au Bourg-Neuf.

» Ainsi rien de nouveau pendant cette matinée, si ce » n'est le trait suivant : Le citoyen.... se présentant de- » vant la caserne des *Carmes déchaussés*, montée des Ca- » pucins, pour parlementer, on lui demanda de se présen- » ter avec cinquante hommes sans armes et deux hommes » armés, la crosse en l'air à condition qu'on serait respecté. » De notre côté, nous marchâmes de bonne foi. Le citoyen » X.... se présenta avec deux hommes armés et cinquante » sans armes, ainsi qu'on était convenu. Oh ! douleur ! pres- » que arrivés à bout portant, la crosse en l'air, eux aussi, ils » ne firent que tourner leurs armes, et firent une décharge ; » nos amis, heureusement, furent protégés par le détour du » mur, un seul fut blessé ; un autre reçut une balle qui, » pour sa bonne étoile, eut l'adresse de lui enlever son » pantalon et son caleçon, sans toucher à la chair...

» Le second jour, on prit le fort Saint-Irénée, auquel » on mit le feu après s'être emparé du canon ; mais, hé- » las ! il n'y avait pas de munitions ; car si l'on avait eu de » quoi servir activement ces pièces pendant cinq ou six » heures, notre triomphe était assuré. Dieu avait décidé » autrement.

» Le 12, nous partîmes de chez le citoyen X...... cinq » hommes et un guide pour Limonet, où, d'après les ren- » seignemens parvenus, les malles-postes avaient été obli- » gées de s'arrêter et renfermaient, disait-on, les dépê- » ches du gouvernement. Nous y arrivâmes en recevant » la neige tout le long de la route.

» Là, en présence de témoins, ainsi que de l'adjoint, » en l'absence du maire, formalité que notre honneur et

» notre délicatesse nous enjoignaient pour la garantie » même du courrier, nous avons procédé à l'ouverture du » caisson, et nous n'avons trouvé que les lettres et les » journaux. Nous nous sommes rafraîchis, et nous som- » mes repartis sans avoir obtenu aucun succès.

» Je dois dire que nous fûmes d'abord regardés com- » me des brigands, parce que deux hommes à cheval, » armés jusqu'aux dents, avaient commis des excès dans » ces environs. Ces hommes n'étaient pas des nôtres; nous » le fîmes apercevoir aux habitans, en leur reprochant de » ne les avoir pas fait arrêter. En novembre, nous avions » fusillé plus d'un pillard....

» Enfin, nous prîmes la route de Vaise. Chemin faisant, » nous apprenons que les soldats s'en sont emparés, qu'ils » égorgent tout, qu'il nous est de toute impossibilité de » repasser en Vaise. Comment faire? il n'y a pas d'autre » route. Quelqu'un propose de déposer les armes dans » une maison et de se retirer un par un, proposition à la- » quelle je ne peux pas consentir. Nous étions trois de la » Croix-Rousse. Nous gagnâmes les deux autres et nous » passâmes alors par Saint-Cyr, Saint-Rambert et Cuir.

» A la montée de Cuir, nous fûmes accostés par deux » hommes très-bien mis qui, disaient-ils, arrivaient de » Châlons pour savoir s'il fallait marcher sur Lyon. Je leur » posai les questions suivantes : — Avez-vous de la gar- » nison? Pensez-vous pouvoir vous en rendre maîtres? » Sur leur réponse affirmative, je les engageai à repartir » immédiatement, à désarmer la garnison, à proclamer le » nouveau gouvernement (la république), à diviser leurs

» forces et à faire marcher de suite sur Lyon tous ceux » dont ils pourraient disposer. Je me permis de leur re- » procher le peu de zèle qu'ils avaient mis dans une af- » faire qui devenait celle de toute la France. A quoi ils » nous répondirent, qu'ils avaient reçu des ordres le pre- » mier jour *de ne pas bouger sans recevoir un exprès* qu'ils » ont attendu ; enfin, ils partirent en promettant tout, et » sont encore à arriver.

» Nous voilà à la Croix-Rousse. Le dimanche 13, cha- » cun était à son poste ; nous avions échangé quelques » coups de fusil. Nous avions une barricade à Saint-Clair » auprès de la Boucle, assez bien travaillée, formée par une » tranchée de quatre pieds de profondeur sur dix de lar- » geur ; la terre rejetée de chaque côté nous faisait une » redoute et nous mettait à l'abri des coups de l'ennemi. » Vers midi, un bataillon avec une pièce et un obusier » descendit de Montessuy, et vint le long du quai droit » pour s'emparer de notre barrricade, qui les gênait pour » leurs communications avec la ville, bien décidés à nous » l'enlever.

» Malheureusement le poste de cette barricade n'était » alors gardé que par des jeunes gens ne connaissant pas » l'art militaire, non plus que les avantages de leur position. » Observez que le peu d'hommes soldats que nous étions » dans notre armée, ne pouvaient pas être partout, et que » si le courage était partout, l'expérience n'y était pas de » même.

» Nos jeunes gens crurent en voyant s'avancer l'enne- » mi, qu'ils devaient battre en retraite ; les soldats vinrent

» jusque sur la barricade ; les haches des sapeurs avaient
» déjà fait brèche ; mais un feu nourri par une trentaine
» d'hommes bien décidés, leur apprit que le poste s'était
» replié plutôt par ignorance que par lâcheté ; ils furent
» forcés d'abandonner la barricade et de s'en aller.

» Nous étions alors sur les hauteurs qui dominent le
» quai Saint-Clair ainsi que la place de la Boucle ; ils braquèrent
» alors leur pièce et leur obusier contre nous
» pour nous débusquer ; mais ils furent trompés encore ;
» car lorsqu'ils mettaient le feu à leur pièce, tout le monde
» disparaissait ; lorsqu'ils rechargeaient, les balles leur
» descendaient un ou deux servans, jusqu'à ce qu'enfin,
» n'ayant plus envie de faire ce métier, la ligne prit ses
» pièces à la prolonge et retourna dans sa caserne de
» Montessuy.

» Vers quatre heures, le feu avait cessé sur toute la ligne,
» ou plutôt sur tous les points de la ville, ce qui nous
» inquiétait assez, lorsque nous apprîmes que le général
» avait donné une suspension d'armes pour vingt-quatre
» heures.... Le 14, à quatre heures de relevée un coup
» de canon se fit entendre. C'était le signal pour nous attaquer
» nous seuls qui tenions encore. Une ligne s'établit
» le long du glacis et de l'autre côté du Rhône. Le feu
» s'engagea partout. Les soldats tiraient embusqués. Un
» bataillon déboucha par la barrière Saint-Clair faisant
» mine de marcher sur notre barricade. Ils furent accueillis
» comme des ennemis dont nous connaissions ce que
» nous avions à attendre. Mais un mouchard ou plusieurs
» leur livrèrent un passage. Ils montèrent au pas de charge

» l'escalier de la maison n° 10 de Saint-Clair qui monte » rue des Gloriettes. Ils croyaient tromper notre vigilance. » Mais nous fûmes assez heureux pour les prévenir encore, » et pour sauver notre commune de leurs dégâts.

» Ici je pourrais vous raconter quelques traits de la » barbarie de nos adversaires. Si je vous disais comment » dans une maison ils mettaient tout en pièces, et com- » ment une malheureuse femme enceinte de cinq ou six » mois fut tuée par eux sans pitié. Un vieillard et un enfant » ont été abimés. Mais, silence, une balle prolétaire nous » a vengés. Un sergent qui était là a reçu la mort, les au- » tres s'en souviendront après lui....

» Le feu continua encore quelque temps mais faible- » ment. L'ennemi avait débouché par la rue des Gloriettes » et le clos Rey. Nous étions environ cent combattans » divisés sur trois points. Mais nous étions cent mille pour » le courage. Nous n'avions pas perdu notre terrain lors- » que par une ruse du pouvoir (1) la défection pénétra » dans nos rangs. Des lettres furent adressées aux proprié- » taires d'intervenir parmi les combattans pour les enga- » ger à rentrer dans l'ordre ; que le lendemain matin, s'il » n'en était pas ainsi, le fort Montessuy brûlerait la Croix » Rousse, et la commune serait livrée aux horreurs de la » guerre. Nous voulions nous enterrer sous les ruines ; » mais nous dûmes céder aux remontrances d'une grande » majorité qui nous observa que le sort de milliers de

(1) Un soldat qui a été forcé de céder le champ de bataille où il voulait trouver la mort se croit toujours trahi. Plût au ciel que dans la ville le pouvoir eût employé plus souvent de pareilles ruses !

» familles dépendrait de nous... Nous étions responsables » du sang de nos frères... n'ayant pu trouver la mort dans » le combat nous avons été obligés de chercher notre sa- » lut dans un exil qui sera plus ou moins long... Dieu » fera le reste.

» Liberté, égalité des droits et non des biens.
Voilà notre devise.

Mai 1834.

PRISE DE ST-BONAVENTURE.

B.

Tableau de l'intérieur de cette église, d'après un médecin employé au service des blessés, témoin oculaire.

Monsieur R... docteur, demeurant à Lyon dans le quartier de l'église des Cordeliers, fut appelé par les insurgés pour panser quelques blessés ; il y vint. Forcé de donner ses soins à l'ambulance établie au quartier-général, il y reçut de ces malheureux le nom de *citoyen major*. M. R... homme de cœur et de talent avait entrepris d'écrire lui-même les terribles scènes dont il avait été témoin; son émotion l'a empêché de continuer. Nous allons rapporter textuellement les détails qui nous ont été communiqués par celui à qui M. R... les a racontés lui-même. Ils ont un cachet de vérité que nous n'aurions pu que défigurer ou altérer en les intercalant dans le cours de la narration; avant tout nous voulons être vrais.

« Le mercredi, il ne resta qu'une demi-heure dans l'é-
» glise de St-Bonaventure que des blessés seuls occu-
» paient : la fusillade était lointaine, les barricades ne
» commençaient à s'élever qu'alors. Il rentra chez lui après
» le pansement et y resta jusqu'au samedi. Ce jour-là, à
» onze heures moins un quart, il retourna à l'église qu'il
» trouva transformée en quartier-général. Dans la nef du
» côté du Rhône, au fond du temple, quelques ouvriers
» travaillaient à la poudre ; vis-à-vis, autour d'un large feu,
» un autre groupe fondait des balles. Dans la chapelle voi-
» sine étaient les vivres, et dans l'autre nef, la caisse mili-
» taire où chaque ouvrier déposait les abondantes aumônes
» qu'on jetait de toutes parts. La chapelle des fonds bap-
» tismaux servait d'ambulance ; les bancs de l'église ren-
» versés, couverts de quelques poignées de paille, étaient
» les seuls lits qu'eussent les blessés. Dans cette nef se
» trouvaient réunis R. , un chirurgien anglais qui n'a pas
» reparu, une femme du peuple, une jeune fille qui avait
» apporté de la charpie, une fille publique de 15 à 16
» ans, portant un pistolet à sa ceinture, tantôt soutenant
» les blessés, tantôt présidant à la distribution des vivres,
» tantôt faisant des orgies avec ceux qui n'étaient pas de
» service. Sur l'autel étaient rangés des fioles et des mé-
» dicamens qu'avait apportés un pharmacien. On avait
» près de cent livres de charpi. Des sentinelles gardaient
» les deux portes ; des barricades de chaises entouraient
» la fabrique de poudre. *Le citoyen-major* et M. Bérard le
» vicaire pouvaient seuls les franchir.

» On apporta d'abord une femme qui avait la poitrine

» traversée d'une balle; son sang et sa respiration s'é» chappaient par l'ouverture; elle étouffait. R. avait mis » son doigt aux lèvres de la blessure pour arrêter l'hémo» ragie; mais fatigué de cette position gênante, il était » obligé de l'abandonner. M. Bérard le remplaça; d'une » main arrêta le sang, de l'autre acheva de lui donner l'ex» trême-onction; scène déchirante qu'on n'a pu voir sans » une vive émotion!

La jeune fille redoublait pendant ce temps ses soins auprès des autres blessés; elle les consolait et leur parlait du ciel et du bonheur d'une sainte mort (1). Beaucoup l'écoutaient et la remerciaient; d'autres lui répondaient par des paroles grossières, et loin de se rebuter, elle avait pour ceux-ci des soins plus affectueux encore.

A midi, R. voulut dîner; il sortit pour gagner un restaurant, mais les barricades lui fermaient tout chemin. Ne voulant pas s'exposer inutilement aux balles des militaires en les franchissant, il témoigna son désir à quelques ouvriers, et bientôt on vit entrer à l'église un traiteur suivi de cinq ou six hommes qui lui apportaient un excellent dîner où même le dessert ne fut pas oublié.

« Rien n'égale l'affection que lui témoignaient les ou» vriers. Les uns l'embrassaient, les autres lui serraient les » bras de manière à les lui briser, d'autres se mettaient » presque à genoux devant lui; mais *Lagrange* surtout » avait pour lui des caresses d'une noblesse, d'une gran» deur qui le saisissait. L'empire de ce chef sur tous les

(1) Elle reçut au milieu de ces scènes terribles le surnom de l'*Ange*.

» ouvriers est étonnant ; un seul de ses regards snffisait » pour faire rentrer dans l'ordre les plus mutins.

» *Lagrange* portait un chapeau noir enfoncé sur ses » yeux noirs, une redingote noire boutonnée jusqu'au cou, » un pistolet d'arçon à la ceinture et trois poignards dans » son sein ; il était partout à la fois, courait à toutes les » barricades, les franchissait comme un cerf, malgré les » balles qui pleuvaient sur lui, et parait à tous les événe- » mens avec une habileté prodigieuse ; il était secondé ad- » mirablement par le sous-chef, jeune homme d'une audace » et d'un courage à toute épreuve.

» Cependant à chaque instant, les blessés arrivaient » plus nombreux. A deux heures, la canonnade devint » horrible ; toute l'église tremblait ; les ouvriers se re- » plièrent dans les chapelles, craignant à chaque moment » de voir le clocher s'écrouler sur eux. Bientôt les feux de » peloton se joignirent à la mitraillade.

» R. incliné sur les blessés, absorbé par ses opérations, « avait perdu de vue les mouvemens militaires, quand une » grêle de balles vint s'abattre au-dessus de sa tête contre » l'autel et les murs de la chapelle. Il se retourna ; les sol- » dats entraient dans l'église. A leur tête, un sergent, noir » de poudre, les cheveux brûlés, tirait sur tout ce qu'il « aperçevait. La fille publique tomba par terre en pleu- » rant ; la jeune fille continua ses pansemens ; l'autre » femme resta stupéfaite. *Courage*, lui dit R. .,. *les balles » ne font point de mal* ; et dans le même moment elle éleva » vers lui sa main sanglante, fracassée par une balle. Un » ouvrier avait caché son fusil à la vue des soldats ; blessé

» il le saisit de nouveau, tire, manque et tombe percé
» de six balles. En un instant l'église fut plongée dans une
» nuit profonde ; la poudre des ouvriers sauta. Les soldats
» faisaient un feu terrible ; trois cris distincts s'élevèrent
» au-dessus du fracas ; on venait de tuer trois malheureux
» cachés dans un confessional. R... eut alors un moment
» d'angoisse horrible ; cependant rappelant sa présence
» d'esprit, il saisit par la main deux soldats prisonniers,
» se plaça au milieu d'eux, debout, protégeant ainsi les
» femmes et les blessés.

« En ce moment cette jeune fille qui avait montré tant de
« courage, l'*ange* lui saisit le bras. *Monsieur*, lui dit elle,
« *les phisionomies se reconnaissent, je n'ai pas peur de la*
« *mort, mais de la brutalité des soldats ; promettez-moi de*
« *me défendre*. R. le lui jura. *Regardez-moi*, lui dit elle
« encore, *croyez-vous qu'on puisse me prendre pour une de*
« *ces malheureuses*? en lui montrant l'autre femme qui
« pleurait......

« Cependant la troupe tirait toujours dans les autres
» nefs. Un ouvrier vint tomber expirant sur la paille de
» l'ambulance et il râlait encore : *Vive la liberté ! Vive la*
» *république !* A ces cris, les fusils se tournèrent du côté de
» l'ambulance. *Tais-toi, malheureux*, lui dit R. qui se voyait
» perdu, *tais-toi ou je t'écrase la tête* et il lui levait le pied
» sur le front. Le blessé répéta son cri jusqu'à son dernier
» soupir... Un autre se précipite à genoux devant les sol-
» dats ; le sergent lui applique son fusil contre la poitrine ;
» le coup retentit sourdement et lui sépare les parois de
» l'estomac. M. Bérard demande la vie pour deux blessés ;

» on l'écarte, ils sont massacrés. Un jeune homme se » cache sous un cadavre ; il est découvert et tué à bout » portant. Un seul enfant échappe au carnage ; un soldat » attendri par ses larmes, le prend et le jette par-dessus » la grille de l'ambulance.

» A mesure que les troupes arrivaient, elle se ran» geaient devant cette chapelle ; c'est ainsi que furent » protégés quelques femmes, les blessés, les deux chi» rurgiens et le pharmacien qui les avait accompagnés ; on » ne cessa cependant le feu qu'à cinq heures et demie, six » heures. Une trentaine d'ouvriers s'échappa par la porte » secrète de la sacristie, tous les autres furent passés par » les armes ou faits prisonniers. On fouilla alors l'ambu» lance, on trouva des cartouches sur un blessé qui fut » emporté immédiatement. R... crut aussi qu'on allait » les conduire en prison ; la jeune fille lui fit encore pro» mettre de l'accompagner et de la protéger. Ils furent » rendus à la liberté à sept heures. Comme on se battait » encore dans les rues, R... demanda au capitaine un » soldat pour les accompagner : *Allez vous faire f....* lui » dit l'officier, *je ne veux pas faire tuer un soldat pour vous.* » *—Croyez vous qu'elle ne vaille pas vos soldat*, lui dit R... » *D'ailleurs c'est pour la protéger contre vos satellites, et non* » *pas contre les ouvriers, que je vous le demande.* Le capi» taine lui en accorda un. Il reconduisit la jeune personne » qui est à présent malade de frayeur, puis il rentra chez » lui où il est resté jusqu'à la fin des événemens.

BULLETIN D'UNE BARRICADE.

D.

Nous avons dit que les prisonniers faits par le peuple ont été respectés. Nous croyons intéresser les lecteurs en insérant ici le bulletin d'une barricade déja publié à Lyon, et qui n'a encore été contredit par personne. Il confirme toutes nos assertions sur la nature du combat et sur l'emploi des formes républicaines adoptées par les combattans.

« Mercredi, 9 avril, je fus forcé par les circonstances de
» me retirer à la côte des Carmélites. La consternation
» était sur tous les visages; néanmoins les ouvriers tra-
» vaillaient avec activité à former des barricades; peu

» d'hommes armés protégeaient les travaux. A trois heures » de l'après-midi, la Grand-Côte, la côte des Carmélites, » le bas de la rue de Flesselle, le clos Casati et la rue » Vieille-Monnaie, furent en état de défense.

» La caserne du Bon-Pasteur fut prise : M. Meunier, » aide-major au 27e, fut arrêté par un poste au moment » où il se rendait à ses fonctions, il fut reconduit chez » lui sur parole et sommé de panser les blessés. Les ou» vriers n'ont qu'à se louer de la conduite de cet officier ; » les matelas et les sommiers de la caserne furent portés » aux barricades.

» Le jeudi 10, à cinq heures du matin, la rue des Petits- » Pères fut garnie d'une forte barricade. Vers midi, la » troupe fit mine de vouloir nous débusquer, mais nous nous » portâmes en avant et nous nous emparâmes de la place » Sathonnay. Les hommes qui manquaient d'armes en» trèrent dans différentes maisons et s'en munirent. Peu » après, il partit un feu roulant des croisées ; nous » n'eûmes que deux blessés, c'est alors que nos cama» rades remontèrent aux barricades et s'y maintinrent » d'une manière toute militaire ; la caserne fut aussitôt » crénelée, ce qui garantissait le jardin des plantes d'une » invasion ; dès-lors on fit la cuisine dans les postes. Dans » l'après-midi, le courrier de la malle-poste fut arrêté et » conduit au grand poste ; quatre autres personnes fu» rent également arrêtées ; tous les égards leur ont été » prodigués, elles peuvent en rendre témoignage.

Tout se passa ainsi jusqu'au dimanche 12 en escar» mouches de coup de fusil ; c'est alors qu'on adressa » aux habitans du quartier la demande suivante :

Citoyens !

» Vous êtes invités par les amis de l'ordre et de la liberté à coopérer à la subsistance des citoyens armés pour la cause publique. Divers individus sans qualité se sont permis de recueillir des dons en en faisant leur profit, et nous voulons prévenir de si lâches infamies ; les chefs de poste sont spécialement chargés de recevoir et de partager entre les postes de la division. »

» Le lundi 13, après cinq jours de résistance, sans communication et presque sans armes, on assembla un conseil composé de vingt-cinq citoyens, où l'on délibéra sur les moyens de retraite ; l'état des hommes et des armes y fut soumis. En voici le résultat :

» *Soixante-dix mauvais fusils pour deux cents hommes*, tels étaient les moyens de défense.

» Celui qui présidait ce conseil fit l'allocution suivante : »

Citoyens !

» Dans la position où nous nous trouvons en face d'une armée, la résistance est inutile ; votre courage loin de s'affaiblir, semble s'augmenter ; vous ne voudriez pas êter la cause de la destruction des familles qui vous entourent, ce serait du sang français qui coulerait de plus et inutilement. L'humanité nous commande de

» chercher les moyens d'une retraite honorable. On » peut faire retraite, mais on n'est par pour cela vaincu ; » nous pouvons encore être utiles au pays. Nos efforts, » j'en suis convaincu, feront ouvrir les yeux à ceux qui » n'ont pas suivi notre exemple ; il faut tout attendre du » temps. Si cependant vous voulez combattre encore, je » serai le premier à vous en donner l'exemple, et si ma » vie pouvait payer ce que nous demandons, je suis prêt » à la livrer à la bouche du canon. »

» On délibéra pour que la retraite se fît dans la nuit » du 13 au 14 ; on délibéra également pour renvoyer les » prisonniers et chacun d'eux put retourner chez lui. Après » la délibération on travailla aux barricades, comme si on » ne songeait qu'à la défense. On se dit adieu en s'embras- » sant ; des larmes coulèrent sur le sort de nos frères morts » pour la liberté, ce qui est pour l'histoire des peuples » encore une leçon. »

P. S, Dans les cinq jours nous avons eu un homme tué chez lui et cinq blessés.

RÉCLAMATIONS ET OBSERVATIONS
Du corps municipal de Lyon.

Le conseil municipal de Lyon avait eu soin dans toutes ses proclamations, de représenter le service rendu à Lyon par l'armée, comme un service rendu à toute la France, et pour cause. C'est qu'au bout des adresses, des parades, du Te Deum même, le conseil municipal voyait l'obligation pour la ville de payer les frais de la guerre.

Trois de ses membres, MM. Terme, Chinad, et Faure-Peclet, partirent pour Paris avec mission de demander que la France entière, et non la commune de Lyon, fût appelée à payer. Nous recommandons au lecteur la lecture de cette pièce et des réflexions qui la suivent.

Note à l'appui des réclamations de la ville dc Lyon.

A peine délivré des horreurs de la guerre civile. Lyon s'est hâté d'envoyer à Paris une commision chargée de noble mandat de solliciter auprès du gouvernement la réparation des graves dommages dont un combat de six jours l'a rendu victime. Cette commission va remplir un devoir sacré en précisant les raisons de droit et d'équité sur lesquelles s'appuient les justes réclamations de la malheureuse cité dont elle est l'organe.

Laisser peser sur quelques citoyens le fardeau des pertes essuyées pendant le cours des déplorables événemens d'avril, est une pensée tellement injuste et odieuse, qu'elle ne saurait se présenter à l'esprit de personne.

Pour que la commune de Lyon soit responsable des dévastations qui couvrent son sol, il faut qu'elles aient été commises par des attroupemens séditieux, et il n'en est rien : ces dévastations sont exclusivement le résultat de sa défense militaire, *c'est la défense militaire qui a jugé souverainement les mesures à prendre ;* c'est elle qui a suppléé à la force numérique de la garnison par les boulets, la mitraille, l'incendie : c'est elle qui a mis une formidable artillerie à la place des bataillons qui lui manquaient.

Et comment la loi de vendémiaire pourrait-elle être applicable à la ville de Lyon? En quoi a-t-elle mérité la peine dont cette loi punit les communes qui n'ont pas arrêté les désordres? Quels reproches peuvent être adressés à ses magistrats? Que les fonctionnaires du gouvernement disent en quoi l'administration municipale n'a pas concouru avec l'autorité supérieure pour conjurer l'orage, ainsi qu'elle avait déjà réussi à le faire en février dernier. « Qu'ils disent si les magistrats municipaux, » dépouillés, en vertu d'un arrêté récent, d'une partie

» de leurs attributions de police, attributions confiées » exclusivement aux mains du préfet, avaient la puissance d'éloigner de Lyon les élémens de désordre qui » abondent dans une grande ville. »

Accusera-t-on les citoyens? Mais tout reproche envers eux est plus impossible encore. *La garde nationale n'existe pas à Lyon : le désarmement des bons citoyens a été complet*, et si des armes ont échappé aux perquisitions, elles ne pouvaient rester que dans les mains des agitateurs, seuls intéressés à les cacher. Et comment les habitans de Lyon auraient-ils pu se concerter pour concourir à la défense de l'ordre? *Leur isolement n'était-ils pas absolu? Ne leur était-il pas interdit de circuler dans les rues, d'entr'ouvrir leurs portes, leurs fenêtres* SOUS PEINE DE MORT ? La commission ne blâme pas ici de si rigoureuses mesures qui, exigées par l'intérêt de la défense, placent au moins la responsabilité des citoyens à l'abri de toute atteinte.

Ainsi la commune de Lyon n'a encouru aucune responsabilité à la suite des événemens d'avril : il ne saurait à cet égard s'élever aucun doute. Mais aux termes des lois, sur qui doit reposer notre responsabilité? La commission n'hésite pas à le dire, sur l'état, et sur l'état seulement.

L'anarchie avait déclaré la guerre à la France, à la civilisation : Lyon a été le champ de bataille où s'est vidé le débat, et c'est à la France à réparer les pertes éprouvées par Lyon, dans l'intérêt de la propriété de tous et des institutions du pays. Non, les citoyens ruinés ne peuvent être abandonnés à leur propre misère ; non, des propriétaires ne peuvent être ainsi dépossédés, des familles mises à nu, chassées de leurs domiciles, de leurs lits, sans qu'il y ait réparation, indemnité. Les livrer au malheur qui les frappe, ce serait les plonger dans le désespoir et l'exaspération. Et cette indemnité que l'équité demande, c'est au gouvernement à la payer. L'insurrection organisée à Lyon était toute politique ; elle tendait à un changement d'institutions, à l'établissement de la république ou de tout autre gouvernement assis sur le désordre et l'anarchie : c'est ce que prouvent les délibérations des associations républicaines, les proclamations imprimées, et les mouvemens qui ont simultanément éclaté à Paris, Châlons, Grenoble, Saint-Etienne et autres villes.

Ainsi, c'est le gouvernement qui, attaqué, a usé du droit de sacrifier la chose privée pour sa conservation : mais le sacrifice, il l'a fait dans son intérêt, et il doit une réparation. *C'est le canon qui a violemment exproprié les citoyens pour cause de salut de l'état*, c'est l'état qui doit le prix de l'expropriation, et cette dette est plus sacrée que dans l'expropriation ordinaire, où, protectrice de la propriété, la loi a voulu que l'indemnité fût préalable.

La dette de la France sera payée. Le gouvernement ne voudra pas que le triomphe de l'ordre coûte des larmes et des regrets. *Il sait que le temps, qui efface insensiblement la douleur que causent les vertus personnelles les plus chères, est impuissant à faire oublier* LES PERTES DE FORTUNE, LES DÉVASTATIONS MATÉRIELLES. Chaque rue, chaque maison de Lyon en porte les horribles traces ; et c'est ce hideux spectacle de tous les jours, de tous les instans, qu'il faut se hâter d'arracher aux regards d'une population qu'il afflige et qu'il irrite.

Les membres de la députation de la ville de Lyon,
CHINAD, FAURE-PÉCLET, TERME.

Paris, 22 avril 1834.

Les considérations sur lesquelles s'appuient les représentans de la bourgeoisie lyonnaise, pour mettre à la charge de l'état les indemnités auxquelles donnent lieu les dévastations opérées par les troupes aux ordres du général Aymar, nous paraissent de nature à faire quelque impression sur tant d'esprits, qui trouvent commode d'accuser les factions de tout le mal que fait le gouvernement en voulant abattre les factions. Ce qu'il y a de plus clair dans les réclamations en question, c'est que le juste-milieu lyonnais lui-même est amené par ses propres désastres à reprocher au gouvernement :

1° D'avoir dissous la garde nationale ;

2° D'avoir désarmé les citoyens ;

3° D'avoir donné des institutions municipales étroites et impuissantes ;

4° De s'être défié de la population, au point de défendre aux bons comme aux mauvais de sortir de chez eux, sous peine de mort ;

5° Que c'est la défense militaire qui a jugé exclusivement des mesures à prendre et décidé l'emploi de la mine, du boulet et de l'incendie contre la ville.

Si à ce document des envoyés lyonnais, on joint les

phrases suivantes de M. Amilhau, député, au sujet de la loi sur une indemnité à accorder aux individus malheureux et non à la commune, on appréciera l'impartialité et la vérité de notre récit.

« Lyon a subi les ravages d'une horrible dévastation ;
» les lois de la guerre ont été appliquées avec ses consé-
» quences. Des habitations sont tombées au bruit de la
» foudre, ou ont été dévorées par l'incendie. Des citoyens
» inoffensifs, des femmes, des enfans sont morts victimes
» des moyens employés pour comprimer et réduire la
» rebellion. D'autres ont perdu tout ce qui faisait la con-
» solation de leur vie, et peut-être leur seuls moyens
» d'existence. »

Le premier des magistrats municipaux avait d'abord été, dès le premier moment, *suspendu par l'autorité superieure.* Une décision militaire défendait aux citoyens de sortir de leur demeure, même pour subvenir aux premiers besoins de la vie, et ils étaient exposés à périr, ou par les explosions, ou par l'incendie, destinés à réduire les rebelles.
« Ils ont obéi à la loi militaire, et cependant la destruction
» qui a brisé leurs maisons n'est point l'ouvrage des re-
» belles. »

DÉNONCIATION
AU ROI DES FRANÇAIS.

Le procès qui va s'iustruire mettra sans doute au grand jour tous les faits que nous avons à peine indiqués. Si tous les parens ou amis des victimes innocentes, *passées par les armes*, pouvaient donner les mêmes détails que M. Lauvergnat, signataire de la lettre suivante, il ne resterait plus rien à dire sur les accidens déplorables dont Vaise et la Guillotière ont été le théâtre. N'ayant rien raconté, nous croyons devoir mettre cette pièce sous les yeux de nos lecteurs, elle est le complément de toutes les autres.

A sa Majesté Louis-Philippe 1er, roi des Français.

« SIRE ! »

« Le règne de la justice est celui des grands rois! Elu » de la nation, roi des barricades, je demande justice au

» nom de mon malheureux fils, je le demande au nom de » cent personnes victimes comme lui de la plus criminelle » atrocité.

» Le samedi 12 avril, de midi à une heure, mon fils » prit quelque argent et se disposait à rejoindre sa mère » et mon fils aîné qui étaient partis pour le village d'Ecully; » il est arrêté un instant de chez lui par des voisins et des » amis qui lui demandent où il va ; il entre pour un ins- » tant chez les sieurs Véron et Nérard, rue Projetée n. 7, » où se trouvait un autre ami, le sieur Prost ; ces messieurs » étaient avec leurs épouses. Pendant ce temps, les trou- » pes entrent à Vaise, elles sont bientôt maîtresses de » toutes les issues de la commune ; alors les soldats du » 28e de ligne, du 15e léger et des sapeurs du génie en- » foncent les portes, pénètrent dans les maisons non » fermées. Mon fils, Véron et Prost, sont percés de plu- » sieurs coups de bayonnettes ; ils reçoivent des coups de » feu, ils expirent dans les corridors et au bas de l'es- » calier ; le sieur Nérard est sauvé par miracle. Au même » instant une infinité d'autres personnes inoffensives pé- » rissent dans le voisinage, le sieur Coquet, maitre ser- » rurier, demeurant route de Tarare, n. 7, est frappé de » mort chez lui avec la dame Saunier ; c'était un vieillard » de 62 ans ; l'on sait que son dévouement pour votre per- » sonne allait jusqu'à l'exaltation. Mon fils, Prost, Véron » et Nérard étaient franchement dévoués à votre gouver- » nement et à votre personne. Toute ma famille, sire, vous » aime, et mon fils est soldat au 54e de ligne.

» Que le grand coupable, que celui qui a ordonné tant

» de crimes, paraisse devant les juges ; tel est mon vœu, » comme père, comme français. Il doit être exaucé. J'ai » rempli un devoir sacré, sire, vous remplirez ceux que » la royauté vous impose.

» J'ai l'honneur d'être, sire, votre très-humble, très- » obéissant et très-dévoué serviteur. »

Signé LAUVERGNAT,
Fabricant de couvertures.

Vaise, faubourg de Lyon, le 12 mai 1834.

Table des Chapitres.

Page.

FIN DE LA TABLE.

www.ingramcontent.com/pod-product-compliance
Ingram Content Group UK Ltd.
Pitfield, Milton Keynes, MK11 3LW, UK
UKHW020247250726
13967UKWH00004B/1552